新时代下非营利组织会计建设与发展研究

康 乐◎著

吉林出版集团股份有限公司
全国百佳图书出版单位

图书在版编目（CIP）数据

新时代下非营利组织会计建设与发展研究 / 康乐著
. -- 长春 : 吉林出版集团股份有限公司，2023.10
ISBN 978-7-5731-4470-6

Ⅰ.①新… Ⅱ.①康… Ⅲ.①单位预算会计—研究—
中国 Ⅳ.① F812.2

中国国家版本馆 CIP 数据核字 (2023) 第 234138 号

XINSHIDAI XIA FEIYINGLI ZUZHI KUAIJI JIANSHE YU FAZHAN YANJIU

新时代下非营利组织会计建设与发展研究

著　　者	康　乐
责任编辑	杨　爽
装帧设计	优盛文化

出　　版　吉林出版集团股份有限公司
发　　行　吉林出版集团社科图书有限公司
地　　址　吉林省长春市南关区福祉大路 5788 号　邮编：130118
印　　刷　定州启航印刷有限公司
电　　话　0431-81629711（总编办）
抖 音 号　吉林出版集团社科图书有限公司　37009026326

开　　本　710 mm×1000 mm　1 / 16
印　　张　12.5
字　　数　200 千
版　　次　2023 年 10 月第 1 版
印　　次　2023 年 10 月第 1 次印刷

书　　号　ISBN 978-7-5731-4470-6
定　　价　68.00 元

如有印装质量问题，请与市场营销中心联系调换。0431-81629729

前 言

在新的时代背景下，非营利组织会计的建设与发展受到了前所未有的重视。从全球范围来看，非营利组织已成为社会经济生活中的重要组成部分，它们在推进社会福利、改善民生、推动社会发展等方面发挥了重要的作用。然而，非营利组织会计体系，特别是在新时代背景下的会计体系，尚未形成系统的理论框架，也并未积累足够的实践经验。

专著《新时代下非营利组织会计建设与发展研究》就是在这样的背景下，全面剖析新时代非营利组织会计建设与发展的现状、问题及对策，并从理论与实践的角度出发，对非营利组织会计的相关理论和实践问题进行深入研究，希望为我国非营利组织会计建设与发展提供有益的参考和启示。

本书以新时代下的国家治理体系和治理能力现代化为切入点，深入探讨了非营利组织在推进国家治理现代化中的角色及作用。这部分研究可以深化人们对新时代我国国家治理体系和治理能力现代化的理解，并揭示非营利组织在其中所能发挥的重要作用。

本书对非营利组织会计的基础理论进行了全面的阐述和研究，包括非营利组织会计的概念、特点、职能、目标，以及核算的基本原则等。这部分研究，旨在为非营利组织会计的系统建设提供理论指导和参考。

本书对非营利组织会计制度的演变与体系建设，以及管理会计在非营利组织会计中的应用进行了深入研究，旨在从制度和管理的角度，解决在非营利组织会计建设与发展过程中可能会遇到的实际问题，提高非营利组织会计的制度化、科学化水平。

此外，本书还研究了非营利组织会计信息化建设以及新时代下非营利组织会计人才培养的问题，以期推动我国非营利组织会计的数字化发展和人才队伍建设，为非营利组织的可持续发展提供有力的保障。

在对各个主题进行深入研究的同时，本书也提出了对未来非营利组织会计建设与发展的期望，以期引领和推动我国非营利组织会计的前进方向和发展步伐。

本书的研究视角新颖，方法科学，内容全面，对于深化我国非营利组织会计理论研究，提高我国非营利组织会计实践水平，具有重要的理论和实践价值。希望读者在阅读本书的过程中，能够深入理解新时代下非营利组织会计建设与发展的理论与实践，为推动我国非营利组织会计的健康发展提供新的思路和行动的方向。

《新时代下非营利组织会计建设与发展研究》希望能对非营利组织会计的理论研究和实践探索提供理论上的支持，其本身也是研究新时代下非营利组织会计建设与发展的一次重要尝试和创新。期待本书能为我国非营利组织会计的发展作出积极的贡献。

衷心感谢读者的关注与支持！

目　录

第一章　非营利组织会计基础理论

第一节　非营利组织会计概念与特点

一、非营利组织会计的概念

非营利组织会计是对非营利组织财务收支活动的连续、系统、综合的记录、计量和报告。其主要目标不是追求利润，而是确保组织的资金得到合理和有效的使用，从而实现组织的社会服务目标。以下是非营利组织会计概念的一些主要特点和涉及事项等。

连续性：非营利组织会计需要连续地记录和报告组织的财务活动。这是因为尽管非营利组织的目标不是追求利润，但组织仍然需要管理和跟踪资金的流动，以确保其长期的财务健康和稳定。

系统性和综合性：非营利组织会计需要系统和综合地处理各种类型的财务信息，包括收入、支出、资产、负债等。这不仅有助于非营利组织提供完整的财务概述，还有助于其进行更好的预算规划和财务管理。

货币计量：非营利组织会计使用货币作为主要的计量单位，以量化和报告各种财务活动。这给非营利组织的会计人员提供了一种通用和客观的方式来度量和比较组织的财务表现。

预算管理和财务管理：非营利组织会计的一个重要目标是加强预算管理和财务管理，以提高资金使用效益。这包括制定和执行预算，监控和控制成本，以及寻求资金的最有效使用方式。

信息提供者：非营利组织会计提供的财务信息是政府进行宏观管理的重要信息来源，也是各单位进行经济管理的重要组成部分。这些信息有助于相关方了解组织的财务状况和资金使用情况，从而做出更好的决策。

二、非营利组织会计的特点

非营利组织会计的特性主要反映在财务活动的记录、报告和分析方式上，这是由其公共服务的性质和资金来源的特殊性决定的。非营利组织会计的特点主要体现在其处理和报告财务信息的方式上。这些特点不仅反映了非营利组织的公益性质和资金来源，而且决定了非营利组织会计在实践中需要哪些特定的知识和技能。其特点如图 1-1 所示。

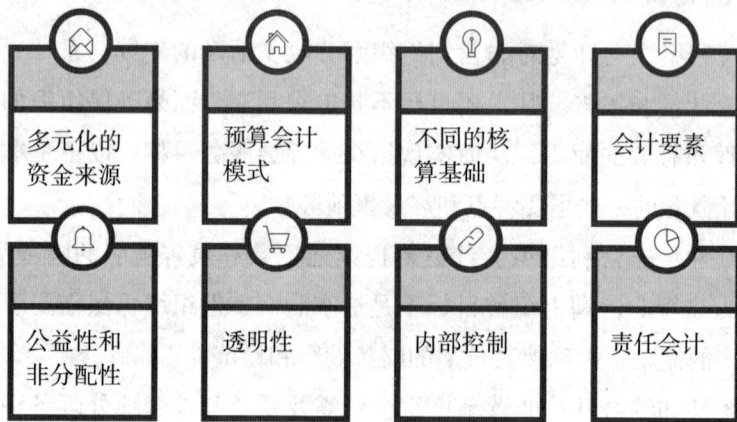

图 1-1 非营利组织会计的特点

（一）多元化的资金来源

非营利组织通常有多元化的资金来源，包括政府补贴、捐赠、会费、服务费和其他收入。这就要求非营利组织会计能够处理各种类型的收入，并进行准确的分类和记录。例如，捐赠收入可能需要在特定的捐赠收入账户中记录，而服务收入则可能需要在服务收入账户中记录。

（二）预算会计模式

非营利组织会计以预算会计模式为主，这种模式主要根据既定的预算目标进行财务管理。会计人员需要记录和追踪组织的收入和支出，以确保它们符合预期。这也意味着，非营利组织会计需要有强大的预算编制和监控能力。

（三）不同的核算基础

公立非营利组织通常采用收付实现制，这意味着只有在实际收到或支付资金时，才会被记录为收入或支出。而民间非营利组织则采用权责发生制，即只要经济权利和义务发生变动，无论是否实际收付资金，都需要进行核算。这种差异要求非营利组织会计在处理公立和民间非营利组织的财务信息时，需要具备不同的会计知识和技能。

（四）会计要素

公立非营利组织的会计要素包括资产、负债、净资产、收入、支出（或费用）。这些要素构成了其会计核算的基础。而民间非营利组织则设置了费用要素，而没有使用行政、事业单位的支出要素，这是因为民间非营利组织以权责发生制作为会计核算基础。

（五）公益性和非分配性

非营利组织的目标不是为了追求利润，而是为了实现其公益目标。因此，非营利组织的利润不会被分配，而是用来进一步推动其社会服务目标的实现。这就要求非营利组织会计能够准确地追踪和记录这些资金的流向，以确保它们被用于实现组织的公益目标。

（六）透明性

非营利组织的财务管理必须具有高度的透明性。因为这些组织依赖公众捐赠、政府补贴等途径获得资金，所以它们必须向捐赠者、公众和政府机构展示其资金是如何被用于实现公益目标的。这就要求非营利组织会计必须能够提供清晰、准确和及时的财务报告，以展示组织的财务状况和资金使用情况。

（七）内部控制

非营利组织由于特殊性，其内部控制也具有一定的特点。例如，由于很多非营利组织都有志愿者参与，因此非营利组织需要有一个健全的内部控制系统，以确保资金和资源的安全。同时，为了防止资金滥用和欺诈行为的发生，非营利组织通常需要建立专门的内部控制机制，以确保捐赠和其他资金的正确使用。

（八）责任会计

非营利组织会计的还有一个特点是强调责任会计。这是因为非营利组织的目标是实现公益目标，而不是追求利润。因此，非营利组织会计需要对组织如何使用资源以实现这些目标进行评估。这可能包括跟踪特定项目的成本，或者评估组织在实现其使命方面的效率和效果。

三、非营利组织会计与企业会计的比较

（一）会计分类不同

企业会计可以根据企业所处的行业、组织形式以及会计服务的重点进

行分类。例如，根据行业，企业会计可以分为工业企业会计、农业企业会计、商品流通企业会计、房地产开发企业会计等；根据组织形式，企业会计可以分为独资企业会计、合伙企业会计以及股份公司会计。而根据会计服务的重点，企业会计可以分为财务会计、成本会计与管理会计。

然而，非营利组织会计的分类主要取决于其资金来源和业务类型。例如，可以根据财政预算来源，将非营利组织会计分为财政总预算会计、财政预算外资金会计；也可以根据组织性质，将其划分为行政单位会计、事业单位会计和民间非营利组织会计。

（二）会计核算的基础不同

企业会计通常以权责发生制为会计核算基础。这意味着，无论是否实际收到或支付款项，只要经济活动发生，就应当进行会计记账。

而非营利组织会计则可能采用收付实现制或权责发生制，这取决于单位的实际情况。收付实现制是指只有当实际收到或支付款项时，才进行会计记账。一般来说，公立非营利组织会采用收付实现制，而民间非营利组织则可能采用权责发生制。

（三）会计要素构成和会计等式不同

企业会计的基本要素包括资产、负债、所有者权益、收入、费用和利润。其基本会计等式如下：资产＝负债＋所有者权益。

非营利组织会计的基本要素则包括资产、负债、净资产、收入和支出。其基本会计等式如下：资产＝负债＋净资产。这里的净资产类似于企业会计中的所有者权益，但在非营利组织中，这部分资金一般不会被分配给股东或所有者，而是用于实现组织的公益目标。

（四）利润分配的不同

在企业会计中，利润是企业经营的结果，可供再投资或分配给所有者或股东。它是衡量企业经营绩效的重要指标。

然而，在非营利组织会计中，不存在传统意义上的"利润"。非营利组织的"盈余"（即收入超过支出的部分）不能被分配给任何个人，而是必须被用到组织的服务中。这也是为什么非营利组织会计中使用"净资产"进行计算而不是"所有者权益"。

（五）财务报告的不同

企业会计的财务报告主要包括资产负债、利润表和现金流量表，这些报告重点关注企业的经济活动和财务状况。

然而，非营利组织的财务报告除了资产负债表和现金流量表外，还包括业务活动表，而不是利润表。活动报告显示了组织的收入和支出情况，以及它们对组织的净资产的影响。这种报告方式更能反映非营利组织的运作情况和服务效果。

（六）税务处理的不同

企业会计必须考虑企业所得税的计算和支付，在计算利润时，必须扣除所得税费用。

而非营利组织通常享受税收优惠，例如，在某些情况下非营利组织可以免交所得税。然而，非营利组织必须严格遵守相关法规，否则可能会丧失税收优惠资格。例如，非营利组织不能从事超出其公益目标范围的商业活动，否则可能会被视为赚取商业收入，需要缴纳相应税款。

第二节　非营利组织会计职能与目标

一、非营利组织会计的主要职能

在非营利组织中，会计不仅仅局限于传统的财务记录和报告职能，而是扮演了一种更为复杂和重要的角色。非营利组织会计的职能在很大程度上体现了这些组织的特殊性质和需求，特别是非营利组织对财务透明度、预算控制、合规性，以及有效的内部控制的需求。非营利组织会计的主要职能，如图 1-2 所示。

参与组织的预算　　　　　确保组织的合规性
编制和控制

记录和报告组织的　　　　　　　　　　为决策提供信息和
财务状况　　　　　　　　　　　　　　支持

图 1-2　非营利组织会计的主要职能

（一）记录和报告组织的财务状况

记录和报告组织的财务状况包括对收入和支出、资产和负债的详细记录，以及财务报告的编制和发布。这些报告通常包括资产负债表、收支表、现金流量表等，它们为内部管理者、捐赠者、政府监管机构等利益相关者提供了关于组织财务状况和运营效果的重要信息。在记录和报告的过程中，非营利组织会计需要对所有财务交易进行准确、完整的记录，并保证财务报告的真实性、公正性、连续性和可比性。这要求会计人员具有专业的会计知识和技能，以便正确理解和处理各种复杂的财务事项，如捐赠收入的确认、政府补助的处理、资产折旧和摊销等。

同时，非营利组织会计也需要处理和解释一些特定的会计问题，例如，如何处理志愿者服务的价值、如何衡量和报告组织的社会影响等。这些问题往往涉及对会计准则的解读和运用，还有与其他专业人士（如审计师、律师、评估师等）的协作。

（二）参与组织的预算编制和控制

预算是组织规划和控制资源使用的重要工具，它涉及组织的战略目标、运营计划、资源分配等各个方面。非营利组织会计在预算编制过程中，需要与其他部门和人员合作，收集和分析各种财务和非财务信息，以便预测未来的收入和支出，制定合理的预算目标。在预算控制过程中，非营利组织会计需要定期比较实际结果和预算目标，分析和解释差异，提供反馈和建议。这有助于会计人员及时发现和纠正问题，避免浪费和失误，保证资源的有效利用。此外，非营利组织会计也需要参与预算的调整和修订，以应对变化的环境。

（三）确保组织的合规性

非营利组织在运营过程中需要遵守各种法律、法规和标准，包括税法、会计准则、政府规定、捐赠者要求等。非营利组织会计需要理解和掌握这些要求，确保所有的财务交易和报告都符合规定。这其中也包括定期准备和提交税务申报、政府工作报告等，以满足外部监管的需求。

为了确保合规性，非营利组织会计需要建立和维护一套有效的内部控制系统。这包括设计合理的职权和责任分配、审批和检查程序、信息和记录系统等，以防止错误和欺诈行为的出现，保证财务信息的正确性和完整性。非营利组织会计在内部控制的设计、实施和监督中起着关键的作用。

（四）为决策提供信息和支持

由于非营利组织的特殊性，组织的决策往往需要综合考虑财务和非财务因素，后者如社会影响、公众信任、使命实现等。非营利组织会计可以通过分析和解释财务信息，帮助管理者理解组织的经济状况、成本效益、风险和机会等，从而做出更好的决策。

例如，非营利组织会计可以参与投资、筹资、项目选择等决策，提供财务预测、现金流量分析、风险评估等。会计人员也可以进行成本管理和效率分析，帮助组织寻找节约成本和改进方案的机会。此外，非营利组织会计也可以通过非财务报告（如社会影响报告）和绩效度量，帮助组织评估和展示自身社会价值。

二、非营利组织会计的目标定位

非营利组织会计的目标定位与商业组织会计有所不同。它们的主要目标并非追求最大的利润，而是在满足各项法律和监管要求的同时，尽可能有效地利用资源，以实现组织的社会使命。非营利组织会计的主要目标，如图 1-3 所示。

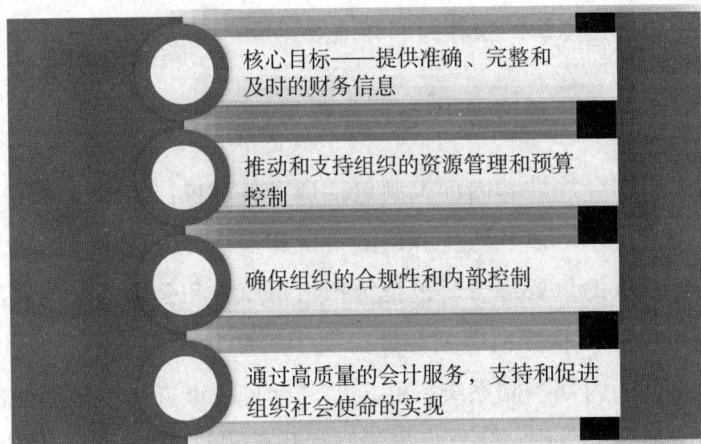

核心目标——提供准确、完整和及时的财务信息

推动和支持组织的资源管理和预算控制

确保组织的合规性和内部控制

通过高质量的会计服务，支持和促进组织社会使命的实现

图 1-3 非营利组织会计的目标定位

（一）核心目标——提供准确、完整和及时的财务信息

此核心目标也是决策者、捐赠者、志愿者、受益人，以及其他利益相关者了解和评价组织运营状况、财务健康情况和社会影响的基础。通过透明的财务报告，非营利组织可以展示其社会责任承担情况和可信度，建立和保持公众的信心。为了实现这个目标，非营利组织会计需要遵循

严格的会计准则和审计程序，确保财务记录的真实性和准确性。他们需要定期编制和发布财务报告，以满足政府和捐赠者的要求。他们还需要积极应对内外部审计，以证明其财务管理的合规性和有效性。

（二）推动和支持组织的资源管理和预算控制

推动和支持组织的资源管理和预算控制包括参与预算编制、实施成本控制、监测和解释预算执行结果、提供财务预测和决策支持等。这些工作可以帮助组织优化资源配置，提高运营效率，防止和纠正可能的浪费和失误。为了实现这个目标，非营利组织会计需要深入理解组织的战略目标和运营计划，收集和分析各种财务和非财务数据，以便提供有用的预算和管理信息。会计人员也需要建立和维护一套有效的预算和成本管理系统，以支持组织的预算控制和绩效评价。

（三）确保组织的合规性和内部控制

确保组织的合规性和内部控制包括遵守各种税法、会计准则、政府规定和捐赠者要求，以及防止和检测错误和欺诈行为的出现。这是非营利组织会计职责的重要部分，也是维护组织声誉和公众信任的基础。为了实现这个目标，非营利组织会计需要了解和掌握相关的法律和规定，建立一套全面的内部控制系统，并定期进行自我审查和改进。他们需要与其他部门和人员合作，建立良好的制度和有效的违规举报和处理机制，树立合规意识。

（四）通过高质量的会计服务，支持和促进组织社会使命的实现

通过高质量的会计服务，支持和促进组织社会使命的实现包括为筹款、项目管理、战略规划等活动提供财务信息和建议，以及参与社会影响评估和报告等。这些工作可以帮助组织更好地展示社会价值，吸引捐赠者和志愿者并保持他们的热情，提高社会影响力。为了实现这个目

标，非营利组织会计需要具备丰富的非营利组织会计的知识和经验，以及高度的责任心和专业精神。他们需要与组织内外的各种利益相关者进行有效的沟通和合作，以满足其对信息和服务的需求。他们也需要不断学习和创新，以应对非营利组织面临的各种挑战和机遇。

三、实现会计职能与目标的策略

实现非营利组织会计职能和目标的策略既需要理论上的明晰，也需要实践中的操作。

首先，构建完善的财务体系至关重要。高效、透明的财务体系能够确保非营利组织的运营健康有序，并能使组织提供准确、及时的信息以支持决策。这需要非营利组织建立完善的财务制度，包括收支管理、成本控制、预算编制和执行、财务报告等方面。同时，组织应当设置内部控制机制，预防和发现财务欺诈行为和错误的出现。非营利组织也需要对财务体系进行定期的审查和改进，以适应环境变化并提高效率。

其次，提高财务信息的可用性和可理解性是实现非营利组织会计职能和目标的关键。非营利组织会计不仅要向内部提供财务信息以支持组织的管理和决策，还要向外部提供财务信息以满足捐赠者、资助者、政府等利益相关者的信息需求。这需要非营利组织会计能够准确、全面地记录和报告财务活动，同时需要他们能够准确分析和解读财务信息，使之更易被理解和使用。此外，非营利组织会计还需要利用现代信息技术，如数据分析工具、云计算等，提高财务信息的处理速度和质量。

再次，培养和保留专业的会计人才是实现非营利组织会计职能和目标的基础。非营利组织会计需要具备专业的会计知识和技能，以便准确、有效地进行会计工作。他们也需要理解非营利组织的特性和环境，以便更好地服务于非营利组织和组织的利益相关者。此外，非营利组织会计还需要具备良好的沟通和协调能力，以便更好地与其他部门和人员合作，提供财务服务。为此，非营利组织需要对会计人才进行定期的培训，同时需要为会计人才提供合适的激励和保障，以吸引和保留优秀的会计人才。

最后，非营利组织会计需要积极参与组织的战略规划和管理活动。非营利组织会计不仅是记录和报告财务信息的职能部门，还是参与决策和提供财务咨询的重要角色。他们需要理解组织的战略目标和业务模式，以便为组织提供适当的财务策略和建议。例如，他们可以参与预算编制和分析，以支持组织的资源配置和控制；他们也可以进行财务风险评估和管理，以帮助组织避免潜在的财务风险；此外，他们还可以通过财务报告和分析，为组织提供运营和绩效的反馈，以支持组织的持续改进。

在实施这些策略时，非营利组织会计需要注意维护和提高自身的专业伦理素质。作为会计人员，他们需要诚实、公正、公开地进行会计工作，遵守相关的法律、规定和会计准则。他们需要保护和尊重组织和利益相关者的财务信息，防止其被滥用或泄露。他们也需要对自己的工作质量负责，对错误和问题进行及时的纠正和解决。

第三节　非营利组织会计核算的基本理念及原则

随着经济全球化的推进，非营利组织在世界范围内得到了持续发展。通过各类社会活动，它们逐渐扩大了影响力，并进一步加深了公众对这类组织的了解。在非营利组织的管理活动中，会计核算是关键部分，对组织的运作具有决定性的影响。

一、会计核算的基本理念

会计核算是非营利组织运营管理的基础和关键，涵盖了信息反映、决策支持、内部控制，以及公众责任等多个方面。

信息反映是会计核算的首要职责。会计核算要求提供准确、完整和及时的信息，以反映非营利组织的财务状况和运营效果。这对于组织自身的管理决策，以及满足捐赠者、政府监管部门、公众等外部利益相关者的信息需求，都具有重要的意义。

会计核算是决策支持的重要工具。它通过提供关于组织的财务和经济活动的信息，帮助管理者进行预测、规划、决策和控制，从而提高非营利组织的运营效率和效果。

会计核算是内部控制的重要环节。它通过记录、汇总和报告财务信息，以及进行内部审计等手段，帮助组织发现和防止欺诈行为和错误的出现，保证组织的财务安全和规范运营。

会计核算是非营利组织履行公众责任的重要途径。非营利组织作为公众利益的服务者和守护者，其财务信息的公开和透明是其树立公信力并产生社会影响力的重要基础。通过规范的会计核算，非营利组织可以向公众展示其责任担当和价值实现情况，从而赢得公众的信任和支持。

会计核算的基本理念为非营利组织的会计核算提供了价值指引和行为准则，对推动非营利组织的健康发展具有重要意义。

二、非营利组织会计核算的基本原则

在进行非营利组织的会计核算过程中，需要遵循一些基本的会计原则，以确保会计信息的准确性、可靠性和可比性。这些原则包括历史成本原则、可比性原则、稳健性原则、可靠性原则和透明性原则，如图1-4所示。

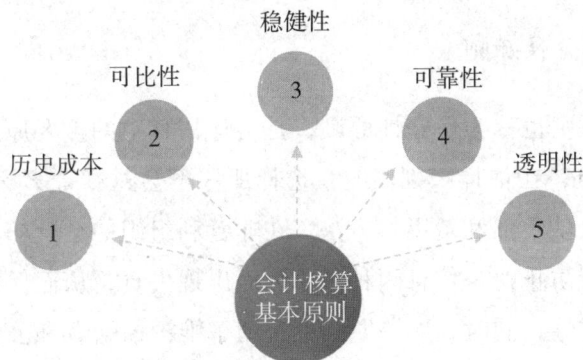

图1-4　非营利组织会计核算的基本原则

（一）历史成本原则

历史成本原则是非营利组织会计核算的基本原则之一。按照这个原则，资产在获取时的价值应以购买时的实际成本为准。这样可以确保会计信息的客观性。历史成本原则的优点在于它提供了一种明确的、可验证的标准，用于记录和报告财务信息。

历史成本原则有助于确保非营利组织的会计记录的准确性和公正性。因为非营利组织的资金主要来源于政府拨款、捐款、会费等，所以其会计信息的真实性、准确性对维持公众和捐赠者对非营利组织的信任度至关重要。

（二）可比性原则

可比性原则在非营利组织的会计核算中起着至关重要的作用。这个原则要求组织采用一致的会计政策和核算方法，以确保在不同时间段或不同组织之间的财务信息具有可比性。这样，利益相关者（如捐赠者、志愿者、接受服务的群体、政府机构等）能够比较各个非营利组织的财务状况和运营效果，从而做出明智的决策。同时，非营利组织也能通过比较自身在不同时间段的财务数据，评估自身经营状况的变化及各种政策和策略对自身运营的影响，从而更好地进行决策和控制。

（三）稳健性原则

稳健性原则也称为保守性原则，是会计核算中的重要原则。该原则鼓励会计人员，在估计和判断时，选择那些不会过度夸大资产和收入，也不会过度低估负债和费用的方法。在非营利组织的会计核算中，稳健性原则有助于防止财务信息因种种原因而出现失真，从而保证了信息的公正性和可靠性。同时，这一原则也有助于维护捐赠者和公众对非营利组织的信任度和非营利组织的声誉、公信力。

（四）可靠性原则

可靠性原则要求会计信息应真实、准确地反映非营利组织的财务状况和运营效果，不应有任何有误导性的信息。在非营利组织的会计核算中，可靠性原则要求会计人员应严谨、公正地进行核算和报告，避免任何可能影响信息可靠性的行为，如欺诈、误导、误报等。这对于保证非营利组织的公信力，满足利益相关者的信息需求，以及推动非营利组织的健康发展，都具有重要的意义。

（五）透明性原则

透明性原则要求非营利组织的财务信息应公开透明、易于理解和使用。这一原则的适用范围不仅包括财务报告的内容，还包括报告的编制和发布过程。在非营利组织的会计核算中，透明性原则要求组织积极公开财务信息，主动接受公众和利益相关者的监督，同时应努力使财务报告易于理解和使用。这包括使用通俗易懂的语言和格式，提供必要的注释和解释，并在可能的情况下，提供更深入、详细的信息。这样，公众和利益相关者可以更好地理解非营利组织的财务状况和运营效果，从而更好地支持和参与非营利组织的活动。

非营利组织会计核算的五个原则是非营利组织会计核算的基石。它们为非营利组织提供了会计核算的准则和标准，帮助组织提供准确、可靠、可比、稳健和透明的财务信息，从而满足各方的信息需求，保证组织的公信力，推动组织的健康发展。

三、非营利组织会计核算原则的应用

在非营利组织会计核算的实践中，核算原则的应用是至关重要的。这些原则的应用为非营利组织提供了准确、可靠、可比、稳健和透明的财务信息，能帮助组织满足内外部利益相关者的需求，支持组织的决策和控制，并维护组织的公信力和声誉。

（一）历史成本原则的应用

历史成本原则的应用确保了会计信息的客观性和公正性，为利益相关者提供可靠的财务信息。

1.记录资产的原始成本

非营利组织应准确记录和报告资产的原始成本，包括购买或获得资产时的实际交易成本，以及与资产获取直接相关的费用。

2.保持成本的稳定性

在资产的使用和维护过程中，非营利组织应按照适用的会计准则和政策，维持资产成本的稳定性。这意味着非营利组织应适时调整资产的折旧、摊销等成本的分配，以确保资产的账面价值与实际价值保持一致。

3.考虑资产减值

非营利组织在会计核算中应根据适用的会计准则，对可能存在减值的资产进行评估。如果资产的账面价值高于其预计未来现金流量的现值，非营利组织应按照相关规定，计提资产减值。

4.提供必要的披露

非营利组织应在财务报告中提供关于资产历史成本的披露，包括购买或获得资产的交易金额、相关费用、折旧、减值准备等信息。这样可以增加财务报告的透明度和可比性，方便利益相关者对非营利组织的财务状况进行评估。

（二）可比性原则的应用

可比性原则的核心为，用一致性的会计政策和核算方法，确保财务信息在不同时间段和不同组织之间的可比性。

1.统一会计政策

非营利组织应确立一致的会计政策，包括会计准则的选择、会计估计的应用和报告格式的规定等。这样可以确保财务信息在不同时间段内的一致性，并提高财务报告的可比性。

2. 统一核算方法

非营利组织应统一核算方法，包括资产计量、费用分配、收入确认等方面。统一核算方法，可以确保各个非营利组织在相同业务领域内进行核算时使用相似的方法，进而实现财务信息的可比性。

3. 披露会计政策和核算方法

非营利组织在财务报告中应清楚披露所采用的会计政策和核算方法，以便利益相关者了解非营利组织的核算原则并做出比较。这种披露可以通过会计政策摘要、会计政策和核算方法变更说明等形式进行。

4. 维护一致性

非营利组织应时刻关注会计准则和核算方法的更新和变化，及时调整会计政策和核算方法，以保持财务信息的一致性。同时，非营利组织还应对重大变化进行适当的披露和解释，确保利益相关者对财务信息的正确理解和评估。

遵守可比性原则，可以提高非营利组织财务信息的可比性。这有助于利益相关者更好地理解非营利组织的财务状况和运营效果，做出明智的决策，并进行合理的比较和评估。

（三）稳健性原则的应用

1. 保持审慎的态度

非营利组织在进行会计核算时应保持审慎的态度，不夸大资产和收入，不低估负债和费用。这可以确保会计信息更加真实、可靠，并减少过度乐观估计而带来的风险和误导。

2. 确定适当的计提

非营利组织在会计核算中应根据实际情况，审慎地确定适当的计提项目，如坏账准备、存货跌价准备、长期投资减值准备等。这样可以在财务报告中提前考虑到潜在的损失，并保持财务信息的稳健性。

3. 考虑到风险和不确定性

非营利组织应在会计核算中充分考虑到业务运营中的风险和不确定性因素。这包括对收入的确认、对费用的估计、对资产减值的评估等。谨慎考虑风险和不确定性，可以保证财务信息的稳健性，减少意外风险的影响。

4. 在公正和可靠性之间保持平衡

稳健性原则要求非营利组织在公正和可靠性之间保持平衡，即在保持真实性和可靠性的基础上，合理地应用稳健性原则，以反映实际的经济状况和风险。

稳健性原则的应用有助于保持财务信息的可靠性和稳健性，确保会计信息不会被过度乐观的估计影响到。这样利益相关者可以更加信任和依赖非营利组织的财务信息，并做出准确的决策。

（四）可靠性原则的应用

可靠性原则要求非营利组织的会计信息应真实、准确地反映其财务状况和运营效果。

1. 确保信息的准确性

非营利组织应通过严格的内部控制措施，确保会计信息的准确性。这包括建立适当的会计制度、规范会计记录和报告的程序，进行定期的审计和复核等。

2. 依靠可靠的数据源

非营利组织应依靠可靠的数据源来开展会计工作，如凭证、合同、票据等，以确保会计信息的真实性和可靠性。同时，组织应对数据进行适当的验证和核实，避免使用不可靠或未经验证的数据。

3. 严格遵守会计准则和规范

非营利组织应严格遵守适用的会计准则和规范，确保会计信息的合规性和可靠性。这包括正确应用会计政策和核算方法，进行必要的会计估计和调整，以保证会计信息的准确性和可靠性。

4.进行独立审计

非营利组织应定期进行独立的审计，由专业的审计机构对其财务状况和会计信息进行审查和验证。第三方的验证，可以增加会计信息的可靠性和公信力。

5.提供充分的披露

非营利组织应在财务报告中提供充分的披露，包括对会计政策的说明、重要会计估计的披露、重大交易的披露等。这样可以增加会计信息的透明度和可靠性，帮助利益相关者更好地理解非营利组织的财务状况和运营情况。

通过应用可靠性原则，非营利组织可以确保会计信息的真实性和准确性。这样，会计信息可以更为可信，有助于利益相关者做出准确的决策，并较准确地评估非营利组织的财务状况和绩效。

（五）透明性原则的应用

透明性原则要求非营利组织在会计核算中提供充分的披露，以确保会计信息的透明度和可理解性。

1.提供详细的财务报告

非营利组织应编制详细的财务报告，包括资产负债表、业务活动表、现金流量表等，同时还应编制会计报表附注。这些报告应以清晰的语言和格式来编制，并提供足够的信息，使利益相关者能够全面了解非营利组织的财务状况和运营情况。

2.披露重要会计政策

非营利组织应在财务报告中披露组织采用的重要会计政策，如资产计量、费用确认、收入确认等方面的会计政策。这有助于利益相关者了解非营利组织的会计核算方法和原则，并进行比较和评估。

3.披露重大交易和风险

非营利组织应披露与其财务状况和运营情况相关的重大交易和风险。

这包括捐赠收入的重要来源、重要投资和债务交易、重要合同和协议等。这样可以增加会计信息的透明度，保障交易的安全性。

4. 提供注释和解释

非营利组织应在财务报告中提供充分的注释和解释，以帮助利益相关者更好地理解会计信息。这些注释可以涵盖关键数据的解释、会计政策的说明、业务活动的背景和目的等。这有助于增加会计信息的可理解性和可比性。

5. 建立沟通渠道

非营利组织应建立有效的沟通渠道，与利益相关者进行及时、准确的信息交流。这包括定期召开股东大会、向捐赠者和合作伙伴提供详细的财务报告、回应利益相关者的疑虑和问题等。与利益相关者的沟通，可以增加非营利组织的透明度，并在二者之间建立良好的信任关系。

6. 遵守法律法规和伦理准则

非营利组织应遵守适用的法律法规和伦理准则，包括财务报告披露的要求和标准。这可以确保会计信息的透明性和合规性，同时维护组织的声誉和信誉。

应用透明性原则有助于增加会计信息的透明度和可理解性，提高利益相关者对非营利组织财务状况和运营情况的认识和信任度。透明的会计信息使利益相关者能够更准确地评估非营利组织的绩效并做出决策，促进信息的公开和共享，提高非营利组织的社会影响力和可持续发展能力。

第四节　非营利组织会计要素与财务报告

一、非营利组织会计的基本要素

非营利组织会计的基本要素是指其财务报表的主要组成部分，包括资产、负债、净资产、收入和费用。这些要素反映了非营利组织的财务状况、业务活动和财务成果，如图 1–5 所示。

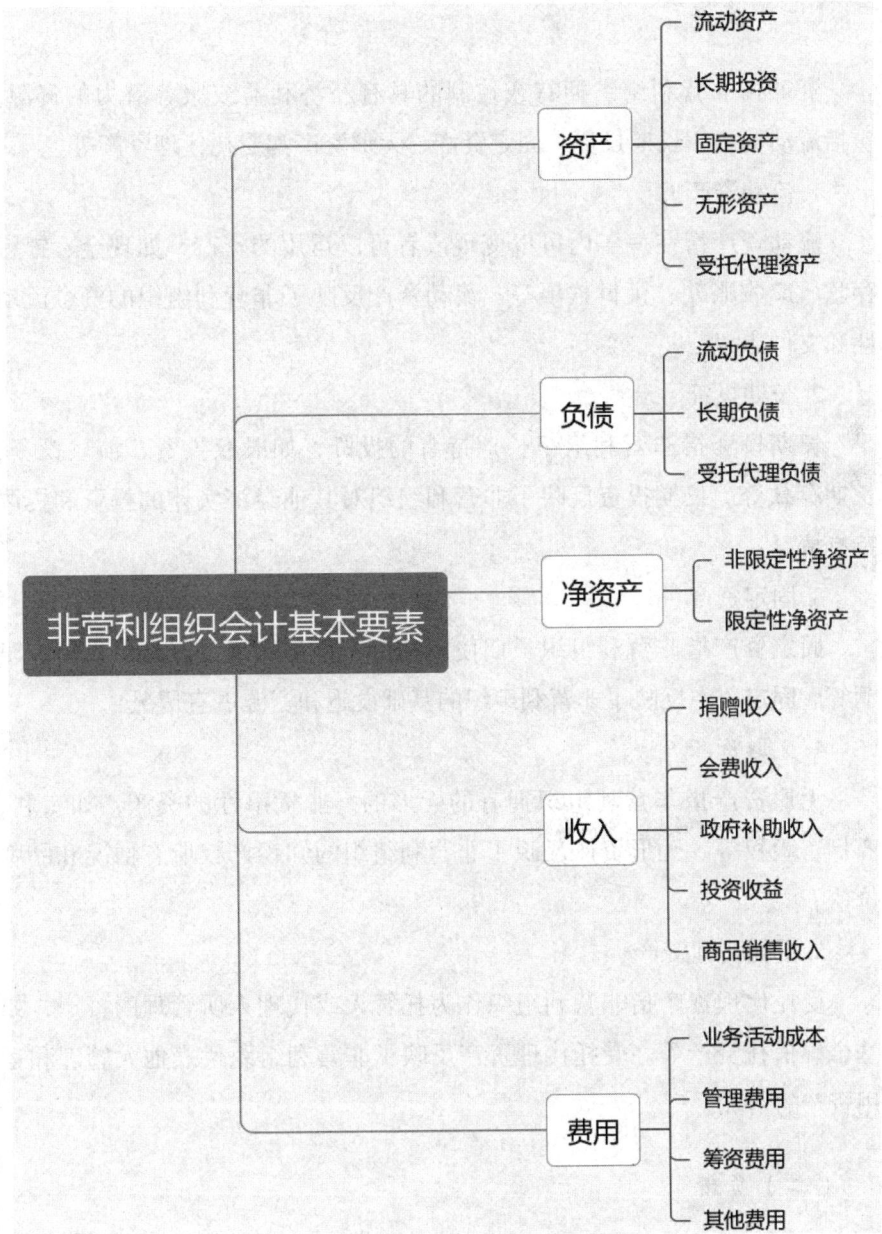

图 1-5 非营利组织会计基本要素

（一）资产

资产指非营利组织拥有或控制的具有经济利益或服务潜力的资源，包括流动资产、长期投资、固定资产、无形资产和受托代理资产等。

1.流动资产

流动资产指在一年内可以变现或者可以运用的资产，如现金、银行存款、应收账款、预付款项等。流动资产反映了非营利组织的资金流动性和支付能力。

2.长期投资

长期投资指非营利组织长期持有的投资，如股权投资、债权投资、长期存款等。长期投资反映了非营利组织对其他经济实体的投资和资源持有情况。

3.固定资产

固定资产指非营利组织长期使用的资产，如房屋、土地、设备、车辆等。固定资产反映了非营利组织的基础设施和资源占有情况。

4.无形资产

无形资产指非营利组织拥有的无形的、非货币性的资产，如专利、商标、版权等。无形资产反映了非营利组织的知识产权所有情况和品牌价值。

5.受托代理资产

受托代理资产指非营利组织作为托管人或代理人所管理的资产，如基金、信托资产等。受托代理资产反映了非营利组织代表他人管理和运用资产的情况。

（二）负债

负债指非营利组织所负有的现时义务或债务。负债包括流动负债、长期负债和受托代理负债等。负债反映了非营利组织对外部债权人和利益相关者的经济责任和义务。

1. 流动负债

流动负债指在一年内需要偿还的债务，如应付账款、短期借款、应付工资等。流动负债反映了非营利组织的短期债务和支付义务。

2. 长期负债

长期负债指非营利组织长期需要偿还的债务，如长期借款、应付债券等。长期负债反映了非营利组织的长期债务和长期支付义务。

3. 受托代理负债

受托代理负债指非营利组织作为受托人或代理人所承担的负债，如基金负债、信托负债等。受托代理负债反映了非营利组织代表他人承担的债务和责任。

（三）净资产

净资产指非营利组织的资产减去负债后的余额，代表了组织的资产净值。净资产包括非限定性净资产和限定性净资产。净资产反映了非营利组织的财务实力。

1. 非限定性净资产

非限定性净资产指非营利组织可自由支配的净资产，可用于支持组织的运作和未来发展。非限定性净资产反映了非营利组织的自由资本情况和可用于投入以实现组织目标的资源的情况。

2. 限定性净资产

限定性净资产指非营利组织根据捐赠者或法律要求而限制性支配的净资产，如专项捐赠、限定性捐赠等。限定性净资产反映了非营利组织在特定条件下可使用或支配的资金的情况。

（四）收入

收入指非营利组织通过开展业务活动获得的经济利益或服务潜力带

来的资金流入。非营利组织的收入包括捐赠收入、会费收入、提供服务收入、政府补助收入、投资收益、商品销售收入等。它反映了非营利组织的经济活动和资金来源。

1. 捐赠收入

捐赠收入指非营利组织从个人、企业或其他组织获得的无偿捐赠的收入。捐赠收入反映了非营利组织受到的社会支持。

2. 会费收入

会费收入指非营利组织从会员或成员收取的费用，成员支付会费以获取会员权益和服务。会费收入反映了非营利组织会员对组织的贡献和参与度。

3. 政府补助收入

政府补助收入指非营利组织从政府部门获得的经济支持和拨款。政府补助收入是政府为实现特定社会目标而给予的经济支持，反映了政府对非营利组织的支持和资助情况。

4. 投资收益

投资收益指非营利组织从投资活动中获得的收益，如股息、利息、租金收入等。投资收益反映了非营利组织的资本投资和资产回报情况。

5. 商品销售收入

商品销售收入指非营利组织从销售商品或提供有偿服务中获得的收入。商品销售收入反映了非营利组织的外部交易和商业活动情况。

（五）费用

费用指非营利组织为开展业务活动而进行的经济支出。费用包括业务活动成本、管理费用、筹资费用和其他费用等。费用反映了非营利组织为开展业务活动而产生的支出。

1. 业务活动成本

业务活动成本指非营利组织因开展核心业务而产生的直接和间接成

本，如物品采购成本、人员工资、场地租金等。

2.管理费用

管理费用指非营利组织在管理和行政方面的支出，如员工培训费用、办公用品费用、行政人员薪酬等。

3.筹资费用

筹资费用指非营利组织为筹集资金而产生的支出，如募捐费用、宣传推广费用、利息支出等。

4.其他费用

其他费用指非营利组织除上述费用之外的其他支出，如税费、罚款、损失等。

二、非营利组织财务报告

为了进一步完善我国非营利组织的法律规范体系，并适应非营利组织快速发展的需要，中华人民共和国财政部发布了《民间非营利组织会计制度》。该制度旨在统一会计核算标准，要求非营利组织按照规定编制并向外界提供财务报告。

（一）概念及目标

非营利组织财务报告是反映非营利组织财务状况、业务活动情况和现金流量等信息的书面文件，也被称为财务报表。它是非营利组织会计核算的最终成果，也是非营利组织向外部使用者提供的会计信息的主要形式和信息载体。

财务报告的概念可以从以下几个方面来理解。

1.反映财务状况

非营利组织财务报告通过资产负债表，展示组织在特定日期的资产、负债和净资产的状况。它反映了非营利组织拥有的资源以及债务和所有权情况。

2. 揭示业务活动

非营利组织财务报告通过业务活动表展示组织在一定期间的收入、支出和净收益情况。它包括组织的经营活动、筹资活动和投资活动等方面的信息，用于展示组织的经济活动情况。

3. 显示现金流量

非营利组织财务报告通过现金流量表揭示组织在一定期间的现金流入和流出情况。它反映了组织通过经营活动、筹资活动和投资活动等方式获取和使用现金的情况。

4. 提供信息载体

非营利组织财务报告是非营利组织向外界使用者提供会计信息的主要形式和信息载体。它通过会计报表、会计报表附注和财务情况说明书等部分，以总结性的方式向使用者提供关于组织财务状况和业务活动的综合信息。

非营利组织财务报告的编制目的是如实反映组织的财务状况、业务活动情况和现金流量等信息，并满足各类使用者的需要。通过财务报告，非营利组织能够向外部使用者提供关于其财务状况、业务活动和现金流量的信息，帮助他们了解和评估组织的财务状况和运营情况。

（二）非营利组织财务报告的分类

非营利组织财务报告可以根据不同的分类标准进行分类。以下是非营利组织财务报告常见的分类方法。

1. 按报告的服务对象分类

外部报告：非营利组织向外部使用者提供的财务报告，供政府部门、其他非营利组织和个人使用。外部报告要按照《民间非营利组织会计制度》的规定编制，包括会计报表、会计报表附注等内容。

内部报告：为了满足非营利组织内部管理和经营的需要而编制的、不对外公开的会计报告。内部报告没有统一的格式和标准，各非营利组织可以根据自身情况自行规定。

2. 按报告编制的时间分类

年度财务会计报告：以整个会计年度的财务状况为基础而编制的财务报告，包括资产负债表、业务活动表、现金流量表和报表附注等。

中期财务会计报告：对短于一个完整会计年度的时间内（如半年度、季度和月度）的组织财务状况而编制的财务报告，一般包括资产负债表和业务活动表。半年财务报告还应包括简略的报表附注。

3. 按报告编制的主体分类

个别财务报表：以非营利组织本身为会计主体而编制的会计报表，单独反映非营利组织本身的财务状况和业务活动成果，包括对外的会计报表和对内的会计报表。

合并财务报表：当非营利组织对外投资并对投资者具有控制权时，应将被投资的单位与本组织视为一个会计主体，编制能够反映整体财务状况和业务活动的会计报表。

4. 按所提供信息的重要程度分类

主要会计报表：也称主表，是全面反映非营利组织资金增减变化、业务成果和财务状况的会计报表，包括资产负债表、业务活动表和现金流量表等。

附属会计报表：也称附表，是进一步详细说明主表中某些指标的会计报表，是对主表信息的补充和解释。

5. 按其反映的资金运动状态分类

静态报表：反映非营利组织在特定日期的财务状况的会计报表，包括资产负债表。它展示了非营利组织在特定时间点上的资产、负债和净资产的情况，反映了组织的财务健康状况和资金结构。

动态报表：反映一定时期内资金运动状态的会计报表，包括业务活动表和现金流量表。业务活动表展示了非营利组织在一定期间的收入、支出和净收益情况，反映了组织的经营活动和业务成果。现金流量表揭示了非营利组织在一定期间的现金流入和流出情况，反映了组织的现金管理和流动性状况。

三、非营利组织财务报告的编制原则

非营利组织财务报告的编制原则是财务报告质量的保证，能使报告充分发挥自身作为信息载体的作用，满足各类会计信息使用者的需求。根据《民间非营利组织会计制度》和相关法规，非营利组织在编制财务报告时应遵循以下基本原则，如图1-6所示。

图1-6 非营利组织财务报告的编制原则

（一）持续经营原则

财务报告的编制应以非营利组织的持续经营为前提。持续经营是会计确认、计量和编制财务报告的基础。如果非营利组织不能持续经营，那么以持续经营为前提而编制财务报告就不再合理。

（二）会计政策一致性原则

财务报告编制期间，使用的会计政策应保持一致，不得随意变更，除非符合一定条件，如法律或会计制度的要求，并且变更要能够提供更可靠、更相关的会计信息。变更会计政策时，应在会计报表附注中披露变更的内容、理由以及影响数值等。

（三）资产负债表日后事项原则

财务报告的编制应有资产负债表日后事项。资产负债表上标注的日期至财务报告批准日期之间发生的有利或不利事项，属于资产负债表日后事项。对于调整事项和非调整事项，应进行不同处理，并在会计报表附注中进行相应披露。

（四）编制时间要求

非营利组织的年度财务会计报告至少应在年度终了后的 4 个月内对外提供。如果有提供中期财务会计报告的要求，应在规定的时间内对外提供。

（五）提供比较数据

资产负债表和业务活动表应提供前期的比较数据，以便使用者能够进行对比和分析，更好地理解非营利组织的财务状况和业务活动的发展趋势。

（六）真实性和可比性原则

财务报告编制应确保财务数据的真实性和可比性。会计核算应以实际发生的交易或事项为依据，如实反映非营利组织的财务状况、业务活动状况和现金流量等信息。各项收入和相关的费用应在同一会计期间内进行确认，并应使费用与相关收入相匹配。

（七）提供前期比较数据

资产负债表和业务活动表应提供所有列报项目上一会计期间的比较数据。这样做可以增加信息的可比性，使报表使用者能够更好地了解非营利组织的财务状况、业务活动状况和现金流量的发展趋势。

（八）保证数据真实可比

会计核算应以实际发生的交易或事项为依据，如实反映非营利组织的财务状况、业务活动等信息。交易或事项应按规定的会计处理方法进行，会计信息应保持口径一致，相互可比。同一会计期间内的收入和相关费用应在该时间段内进行确认，并使费用与相关收入相匹配。此外，财务报表各项数据的列报和分类应保持一致，不得随意变更。

（九）包括必要会计报表

非营利组织的财务会计报告至少应包括资产负债表、业务活动表和现金流量表及报表附注。这三张报表提供了综合的财务信息，反映了非营利组织在资产状况、负债情况、经营活动和现金流量等方面的情况。

遵循这些原则可以确保财务报告的质量和可靠性，使其成为非营利组织内外部利益相关者评估和决策的重要依据。财务报告的编制应遵循这些原则，同时还需根据具体情况和相关法规进行相应的调整和披露，以满足信息使用者的需求。

四、非营利组织财务报告分析

财务报告分析是一种基于财务报表和其他相关资料的分析方法，旨在系统地评估和分析组织过去和现在的财务状况和业务活动情况。它的目的是通过了解过去、评价现在和预测未来，为利益相关者改善决策提供有价值的信息。

财务报告分析的基本功能是将大量的报表数据转化为对特定决策有帮助的信息，从而减少决策的不确定性。对财务报表进行分析，可以使人们获得关于组织的财务健康状况、盈利能力、偿债能力、经营效率、现金流量等方面的信息。这些信息可以帮助利益相关者了解组织的经营状况，评估其潜在风险和回报，并为决策提供依据。其分析方法，如图 1-7 所示。

流动性比率

筹资比率

营运能力比率

现金流量比率

比率分析法

绝对差异分析

相对差异分析

差异百分点分析

比较分析法

财务报告
分析方法

比率因素分解法

连环替代法

差额分析法

因素分析法

综合指数法

综合评分法

综合分析与评价法

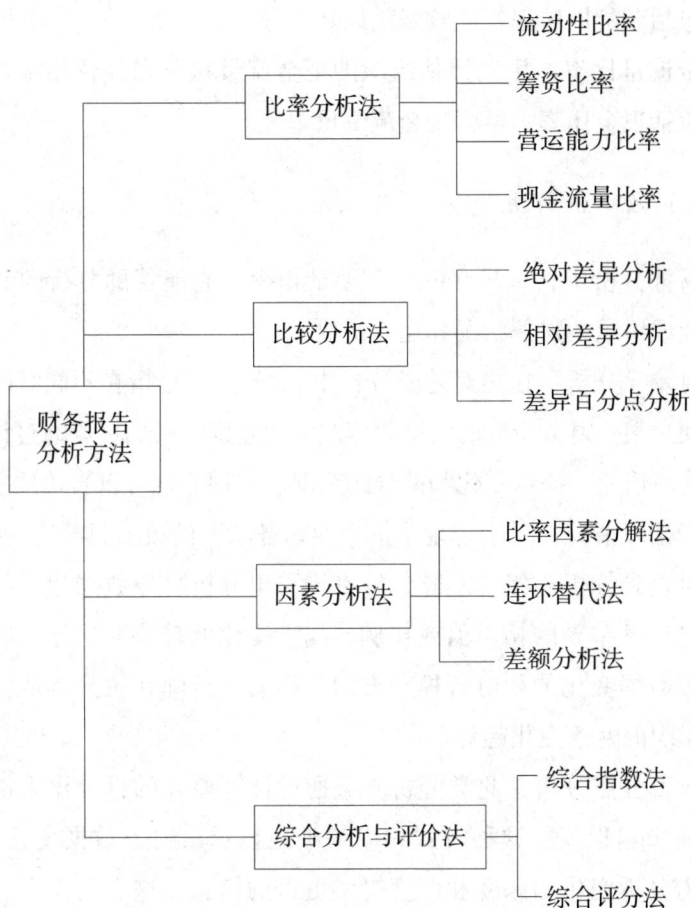

图 1-7　财务报告分析方法

（一）比率分析法

流动性比率：用以衡量非营利组织的偿债能力和流动性状况，常用的指标包括流动比率、速动比率等。

筹资比率：用以评估组织的融资结构和财务稳定性，常用的指标包括资产负债比率、债务比率等。

营运能力比率：用以衡量非营利组织的经营效率和运营能力，常用的指标包括存货周转率、应收账款周转率等。

现金流量比率：用以评估组织的现金流量状况和经营稳定性，常用的指标包括现金比率、经营现金流量比率等。

（二）比较分析法

在财务分析中，差异是一个重要的概念，它能帮助分析师和决策者了解企业或组织的财务状况和运行情况。

绝对差异分析：在绝对差异分析中，"差异"是指在不同时间段或不同组织间，某一财务指标的实际数值之间的差别。人们可以通过计算这些数值的绝对值差，揭示变化和差异的情况。这种分析可以直接反映财务数据的实际增减情况，对于定量了解企业财务状况的改变具有直观的效果。

相对差异分析：相对差异分析更侧重于分析财务数据相对的变化程度，通过计算差异的相对值或比例，揭示变化的趋势。这样可以更好地展示财务数据变化的相对规模和方向，帮助分析师和决策者从相对的角度审视组织的财务变化趋势。

差异百分点分析：此类分析着重通过计算差异的百分比来衡量变化的幅度和影响程度。这种方式可以清晰地显示出财务数据变化的幅度，也可以为分析变化的深度和广度提供更多的信息。这有助于人们更全面和深刻地理解财务数据的变化和其可能产生的影响。

（三）因素分析法

比率因素分解法：将财务指标拆解为不同的比率因素，分析各因素对整体指标的影响，这种方法可以帮助理解财务状况的主要驱动因素。

连环替代法：通过逐级分析和替代比较，从整体到细节，揭示影响财务数据变化的关键因素和原因。

差额分析法：通过计算差额和差异，对比目标值和实际值，分析差异产生的原因和影响。

（四）综合分析与评价法

综合指数法：将综合分析与评价的结果用综合指数表示出来。首先，确定影响综合指数的各项指标；然后，对这些指标进行标准化处理，以确保不同单位和性质的指标可以互相进行比较；接下来，考虑各项指标对综合评价的重要性，赋予它们不同的权重；最后，通过加权各项指标的指数，得到综合指数。综合指数的高低反映了评价结果的好坏。综合指数法通常使用层次分析法和模糊评判法等方法计算权重和指标数值，然后进行累积和相加，最终得到综合评价指数。

综合评分法：综合评分法是在确定影响综合评价的各项指标之后，根据每个指标的评价标准对其进行评分的一种方法。评分通常采用定量的量表或定性的描述性评价。然后将各项指标的评分进行汇总，得到综合评价分数。综合评价分数的高低反映了评价结果的好坏。综合评分法适用于评价指标无法用统一的量纲进行定量分析的情况。

五、非营利组织财务报告的改进

（一）改进捐赠劳务的确认标准

目前，欧美国家的相关准则对捐赠劳务的确认有较为细致的规定，根据实质性内容进行判断，并对不确定性较大的事项不予确认和计量。然而，对于符合会计要素确认条件的捐赠劳务和捐赠承诺，《民间非营利组织会计制度》要求按捐赠收入进行确认和计量。这种改进方法将重点放在捐赠劳务的实质性内容和会计要素的确认条件上，更加符合实际情况和权责发生制原则。同时，这种改进方法也有助于提高非营利组织的财务报告的准确性，有助于与国际接轨。

（二）增加职能费用表

由于民间非营利组织的资金来源具有广泛性和特殊性，因此组织需要向社会公众公开整个组织运营费用的详细情况。因此，建议在现有的三张基本会计报表的基础上增加一张职能费用表，用于进一步完善非营利组织的财务报告体系。职能费用表通过对业务活动表中的费用发生额进行再次分类，提供按功能分类的费用开支的详细数据，包括各项费用的性质、金额等相关信息，以便组织的管理层、监管机构和社会公众更好地了解整个组织的费用支出情况。这种改进方法将有助于提高财务报告的透明度和可理解性，提高非营利组织的财务信息披露水平。

（三）提高会计报表附注所披露的信息的质量

要提高非营利组织会计报表附注所披露的信息的质量，可以从制度法规入手。政府制定或修改相关的制度法规时，可以规定民间非营利组织必须按照规定的格式和要求披露内容，制作会计报表附注。这样可以确保披露的信息更加准确、完整，并增加信息的可比性。此外，非营利组织自身也应该加强诚信意识和对财务人员的培训，以保障捐赠者的知情权，提高整个组织的公信力。只有公众对组织的财务信息披露充满信任，组织才能够获得更多的资金支持。

（四）完善财务报告审计制度

管理非营利组织的政府部门应制定相应的法规，要求基金会、协会和民办非企业单位，无论规模大小，都聘请注册会计师对年度财务报告进行审计。这样可以让组织接受政府和社会的监督，保证财务报告的真实性和公允性。同时，非营利组织还应建立健全内部控制制度，约束非营利组织经营管理者的行为，从根本上提高财务报告的可靠性和公允性。

（五）增加财务报告中非量化信息的比重，增强其可分析性

当下，对非营利组织的业绩评价不能仅仅以经济效益为标准，而应加入更多非量化信息。因此，在财务报告中应增加非量化信息所占比重，

以提供业绩评价所需的全部信息。这样可以更全面地反映非营利组织的经营状况，并帮助其进行改进和优化。例如，工作人员可以在报告中加入组织的社会影响力、项目成效等非量化指标，以弥补财务指标的局限性。

（六）改进财务报告信息的发布渠道

非营利组织应充分利用互联网技术，建立信息披露的专用系统和基于网络的电子化披露体系。财务信息披露的负责人应通过该系统进行所有公开信息的披露。民间非营利组织可以建立历史资料库，收录组织的历年财务信息，包括财务报表等具体信息。这个资料库可以连接信息披露专用系统，以便信息使用者能够方便地查询和了解组织的整体财务状况。民间非营利组织还可以考虑建立网络化信息平台，使信息使用者通过该平台了解某个非营利组织的整体财务状况。

第二章 非营利组织会计制度演变与体系建设

第一节 非营利组织会计制度演变

一、非营利组织会计制度的起源和发展

非营利组织的会计制度有着悠久的历史和复杂的演变过程。非营利组织会计制度的起源和发展与非营利组织的形成和发展紧密相关，反映了社会经济环境的变化和非营利组织角色的转变。

非营利组织在古代社会就已存在，但它们并未形成会计制度。直到近代，随着工业革命的发展，人们开始注意到非营利组织的存在和作用，非营利组织会计制度逐渐形成。在这个阶段，非营利组织的会计制度主要是借鉴企业的会计制度，以现金为基础，主要目的是控制成本和防止欺诈。

然而，这种会计制度并不能满足非营利组织的特殊需求。建立非营利组织的目的不是创造利润，而是为社会提供公共服务。因此，非营利组织的会计制度应该反映其服务活动和成果，而不仅仅负责记录金钱的流动情况。在 20 世纪初，随着社会福利理念的发展和公共需求的增加，非营利组织的数量和规模迅速增长，其会计制度也发生了重大变革。这个时期，非营利组织开始采用以收入和费用为基本内容的会计制度，以反映其经济活动的全貌。同时，非营利组织也开始关注预算管理和财务规划，以提高自身的服务效率和效果。

然而，这种会计制度仍然存在问题。一方面，由于非营利组织活动多样，因此对其收入和费用的计量和报告存在很大的难度；另一方面，在这种会计制度下，非营利组织会计信息的透明度较低，这导致公众对组织的信任度不高。

在 20 世纪末和 21 世纪初，非营利组织会计制度进入了一个新的发展阶段。在这个阶段，非营利组织会计的重点转向了信息的质量和公开性。非营利组织开始使用基于经济实质的会计制度，以更准确地反映其经济活动的实质。同时，非营利组织也开始重视会计信息的公开和透明度，以提高公众的信任度。

二、国际上非营利组织会计制度的演变

非营利组织的会计制度在全球范围内的演变，反映了非营利组织在不同国家和地区的发展历程，同时揭示了非营利组织会计制度在满足公众期待、提升透明度和规范化管理等方面所面对的挑战和机遇。

在欧洲，非营利组织历史悠久，其会计制度的发展早在中世纪就已开始。欧洲的非营利组织主要是教会和慈善机构，会计制度的核心职能是通过财务报告向捐赠者展示其资金的使用情况。随着时间的推移，这些组织逐渐扩大了服务范围，包括教育、医疗、社区服务等方面，这也要求其会计制度要能更好地反映这些包含多元化服务的经济活动。

在美国，非营利组织会计制度的发展则更具开创性。20 世纪 60 年代，美国非营利组织的规模和数量开始快速增长，这推动了美国会计制度对非营利组织的适应性调整。例如，美国财务会计准则委员会（financial accounting standards board, FASB）在 1973 年成立时就明确了包括非营利组织在内的所有组织都应当遵循其发布的会计准则这一原则，从而确保了非营利组织会计信息的质量和一致性。此外，美国也引入了针对非营利组织的审计制度，以进一步提升公众对非营利组织财务信息的信任度。

在亚洲，非营利组织的会计制度的发展相对较晚，但其发展速度很快。在改革开放后的几十年里，中国非营利组织的数量和规模都有了显著的增长，随之而来的就是中国非营利组织会计制度的建设和完善，包括一系列会计准则的制定、会计信息公开制度的建立以及政府对非营利组织监管力度的增强。

三、中国非营利组织会计制度的变迁

中国非营利组织会计制度的变迁过程，具体可分为以下四个阶段，如图 2-1 所示。

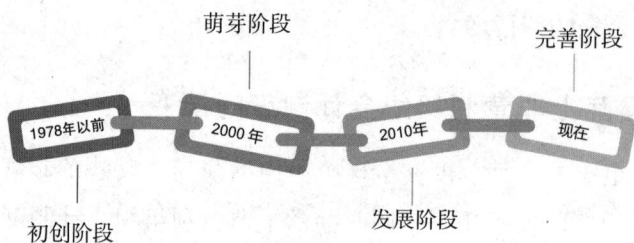

图 2-1　中国非营利组织会计制度的变迁

（一）初创阶段（1978 年以前）

在这个阶段，中国没有专门针对非营利组织制定相应的会计法规。非营利组织的会计处理主要根据与之相关的预算会计法规，包括行政单位会计、财政总预算会计和事业单位会计。这些法规的主要特点是计算预算收支、核算经费结存。此时期的非营利组织主要依托政府主导，其经费来源主要是政府拨款，因此主要采用收付实现制进行会计处理。

（二）萌芽阶段（1978—2000 年）

随着改革开放的推进，中国开始出现了一些非政府组织。这些组织主要依据企业会计准则来处理财务问题，但企业会计准则并不能完全契合非营利组织的特性。部分非营利组织有了业务收入之后，开始核算成本、计提折旧，采用权责发生制。这标志着非营利组织会计制度开始从预算会计向企业会计转型。《中华人民共和国会计法》（以下简称《会计法》）作为中国会计领域的基本法律，分别于 1985 年、1993 年和 1999 年，经历了三次制定与修改。这些修改对规范非营利组织会计活动产生了积极的影响。

（三）发展阶段（2001—2010 年）

进入 21 世纪，中国社会经济快速发展，非营利组织的数量和规模也开始快速增长。在这样的背景下，中国政府开始认识到非营利组织会计制度的重要性，并开始进行制度设计和改革。在《会计法》的指导下，中国政府开始着手制定针对非营利组织的专门会计制度。2004 年，财政部发布了《非营利组织会计制度》，这是中国首次为非营利组织专门制定会计准则，标志着中国非营利组织会计制度的正式确立。

（四）完善阶段（2011 年至今）

随着非营利组织在中国社会中影响力的不断增大，非营利组织会计制度的发展和完善也在持续进行。例如，政府和相关部门推出了一系列政策，鼓励非营利组织公开财务信息，提高透明度，以增强公众的信任度。同时，非营利组织也开始借鉴国际经验，努力提升会计信息的质量和公信力。为了进一步明确民间非营利组织有关经济业务或事项的会计处理规则，提高会计信息质量，根据《民间非营利组织会计制度》的规定，财政部发布了《< 民间非营利组织会计制度 > 若干问题的解释》。

四、影响非营利组织会计制度演变的因素

非营利组织会计制度的演变受许多因素的影响，包括政策环境、经济发展、社会需求、技术进步等。

（一）政策环境

政策环境是影响非营利组织会计制度演变的重要因素。在中国，会计制度的发展历程可以看作对政策环境变化的反映。在改革开放前，中国的非营利组织及其会计制度几乎是空白的。大多数非营利性质的工作由政府部门承担。然而，随着中国社会经济的快速发展，政府意识到发展社会公益事业的重要性，并开始推动非营利组织的发展。这个转变在政策上的体现就是一系列的法律法规的制定和改革，包括《会计法》《事业单位会计制度》等。这些法律法规的出台和实施为非营利组织的财务管理提供了基本的规范，推动了非营利组织会计制度的发展。

（二）经济发展

经济发展也是影响非营利组织会计制度演变的重要因素。随着中国经济的快速发展，非营利组织的数量和规模也在不断增长。这些组织在经济活动中扮演着越来越重要的角色，同时面临着日渐复杂的财务管理问题。例如，许多非营利组织开始有了自己的业务收入，需要进行成本核算和折旧计提。这些新的需求促使有关部门对非营利组织会计制度进行改革和完善，以更好地适应经济发展的新趋势。

（三）社会需求

社会需求是非营利组织会计制度演变的另一个重要驱动力。随着广大民众公民意识的不断增强，人们对非营利组织的透明度和公信力的要求也在不断提高。人们希望通过查看非营利组织的财务报告，了解其资

金的来源和使用情况，评估其绩效和效益。这些需求也推动了非营利组织会计制度的不断完善，例如，有关部门在政策法规层面上，增加了对财务报告的披露要求，完善了对非营利组织内部控制的规定等。

（四）技术进步

技术进步是推动非营利组织会计制度演变的最新因素。随着信息技术的发展，非营利组织的财务管理工作也在发生深刻的变化。例如，许多非营利组织开始使用会计软件进行财务管理，这大大提高了工作效率。此外，云计算、大数据等新技术的应用，也为非营利组织提供了全新的财务管理手段和方法。这些技术进步不仅影响了非营利组织的财务管理实践，还对其会计制度产生了重要影响。

五、非营利组织会计制度的未来趋势

非营利组织会计制度的未来发展，将是一个多元化的复杂过程。在这个过程中，非营利组织需要不断调整和优化其会计制度，以适应社会经济环境的变化，满足社会公众的信息需求，提高其财务管理的效率和效果。同时，我国的非营利组织也需要加强对会计人员的培训和管理，以保证会计制度的正确实施，其未来趋势，如图2-2所示。

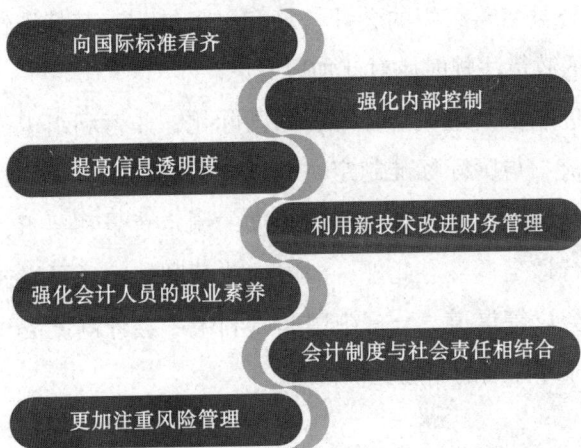

向国际标准看齐

强化内部控制

提高信息透明度

利用新技术改进财务管理

强化会计人员的职业素养

会计制度与社会责任相结合

更加注重风险管理

图2-2　非营利组织会计制度的未来趋势

（一）向国际标准看齐

随着全球化的深入发展，非营利组织的活动范围越来越广，有时甚至会跨越国界。为了提高非营利组织财务报告的可比性，国际性的非营利组织会计标准越来越受到关注。例如，国际会计准则理事会（international accounting standards board, IASB）于2012年发布的《非营利组织会计准则》，已经被许多国家和地区采用。中国非营利组织会计制度的未来发展趋势之一，就是向国际标准看齐，以提高财务报告的国际可比性。

国际标准的采用将带来一系列的变化和挑战。首先，非营利组织需要结合相关会计政策和报告要求对自身的会计制度进行全面审视和调整，以确保与国际标准的一致性。这可能涉及会计核算方法、财务报告格式、披露要求等方面的变更。其次，非营利组织需要提升财务人员的专业水平，以适应国际标准的要求。这包括会计人员对国际标准的学习，还有理解和对相关会计技能和知识的掌握。最后，非营利组织会计制度的国际化还需要充分考虑国内环境和实际情况。在采用国际标准的过程中，非营利组织应注重与国内法律法规的协调，以确保国际标准的实施与国内法律法规不相矛盾。此外，非营利组织的特殊性也需要被充分重视，例如，由于公益慈善组织的会计核算和财务披露有其特殊性，有关部门在制定相关的政策法规时应对此加以考虑。

为了促进非营利组织会计制度的国际化，非营利组织需要加强相关的研究和交流。与国际标准制定机构、学术界和实务界的合作，可以使国内的非营利组织更好地理解国际标准的制定背景和要求，并根据国内实际情况进行适当调整。此外，国内的非营利组织还可以通过国际会计组织、学术会议等渠道，分享中国非营利组织会计制度的建设经验和发展成果，为国际标准的制定提供参考。

（二）强化内部控制

非营利组织的特殊性决定了其内部控制的重要性。一个有效的内部控制系统，不仅能防止财务舞弊，而且能提高组织的运行效率。随着非营利组织规模的扩大和业务的复杂化，非营利组织对内部控制的需求也在增加。因此，非营利组织会计制度的未来发展趋势之一，就是强化内部控制。

非营利组织内部控制指非营利组织为达到其目标而采取的一系列措施和制度。它包括风险管理、内部审计、合规性监督等方面的内容。加强内部控制的目的是保障非营利组织的财务健康和财务活动合法性，减少财务风险，提高组织的整体运作效率。

未来，非营利组织在会计制度建设中应更加重视对内部控制的规定和有关规定的实施。首先，非营利组织应建立健全的内部控制制度，明确内部控制的目标和要求。这包括明确责任分工、建立风险评估机制、设立内部审计机构等。其次，非营利组织应加强对内部控制的监督和评估，通过进行内部审计和合规性检查等手段，发现潜在的问题和风险，并及时采取措施进行纠正。最后，非营利组织还应加强外部合作，接受独立审计等外部机构的审查和评估。

（三）提高信息透明度

社会对非营利组织信息的透明度要求越来越高。这不仅涉及财务信息的披露，还包括非营利组织的运营、管理、绩效等方面的信息。因此，非营利组织会计制度的未来发展趋势之一，就是提高信息透明度，通过发布全面、准确、及时的财务报告，满足社会公众的信息需求。

信息透明度对于非营利组织的可持续发展至关重要。首先，信息透明度可以增强民众对非营利组织的信任。公众对于非营利组织对捐款和各项资源的使用情况的关注度越来越高，他们希望能够了解非营利组织的财务状况和运营情况。通过提供准确、全面的财务报告和其他相关信息，非营利组织可以增强公众的信任度，提高社会的支持和参与度。

提高信息透明度有助于提高非营利组织的运营效率。通过公开披露运营和管理方面的信息，非营利组织可以接受外界的监督和评估，及时发现问题并采取措施加以改进。同时，提高信息透明度还可以促进非营利组织之间的学习和交流，借鉴他人的经验和做法，提高自身的运营水平。

（四）利用新技术改进财务管理

随着信息技术的发展，非营利组织的财务管理也在发生变化。通过利用新技术，非营利组织可以更高效地进行财务管理，提升业务绩效评估的准确性，进行更灵活的财务工作报告。这一趋势对非营利组织会计制度的未来发展具有重要意义。

非营利组织可以利用会计软件来改进财务管理。会计软件的使用可以极大地简化财务数据的记录和处理过程，提高工作效率。例如，通过电子化的账目管理和自动化的报表生成，非营利组织可以更快速地获取准确的财务信息。同时，会计软件还提供了数据的备份服务和对数据安全性的保障服务，有助于防止信息丢失和泄露。

非营利组织可以利用数据分析技术来评估业务绩效。通过收集和分析大量的财务和业务数据，非营利组织可以更深入地了解自身的运营状况，并做出更适宜的决策。例如，非营利组织可以通过数据分析来评估项目的成本效益、捐赠活动的效果，从而优化资源的分配和管理。数据分析还可以帮助非营利组织发现潜在的问题和机会，提前设计应对策略。

云计算技术的应用也为非营利组织的财务报告提供了更大的灵活性。云计算技术可以让工作人员将数据的存储和处理从传统的本地服务器转移到云端，使财务报告的制作和传递更加便捷。非营利组织的会计人员可以随时随地访问云端的财务数据和报表，与利益相关方进行实时的沟通和共享。此外，云计算还可以提供数据的备份等服务，降低了因设备故障或灾难事件而造成的数据丢失风险。

（五）强化会计人员的职业素养

会计人员是非营利组织会计制度实施的关键。一个有良好职业素养的会计人员，不仅能正确地执行会计制度，还能对非营利组织的财务管理提供有价值的建议。因此，非营利组织会计制度的未来发展趋势之一，就是强化会计人员的职业素养，通过教育培训等方式，提高他们的会计知识和技能水平，以适应非营利组织会计制度的发展。

非营利组织应注重对会计人员的专业教育和培训。会计人员需要具备扎实的会计理论基础和实际操作能力，以更好地实施会计制度的有关规定。通过提供专业的培训课程和学习机会，非营利组织可以帮助会计人员不断更新自己的知识，掌握最新的会计准则和规定，以适应不断变化的业务环境。

非营利组织可以加强对会计人员职业素养的培养。职业素养不仅包括会计专业知识方面的素养，还包括道德伦理、沟通能力、判断力和责任心等方面的素养。要通过培养会计人员的道德伦理意识，强化他们的责任感和敬业精神，以确保会计工作的可靠性和准确性。同时，要注重培养会计人员的沟通能力和判断力，使他们能够与其他部门和利益相关方进行良好的合作和沟通，为非营利组织的决策提供有益的建议。

非营利组织还可以鼓励会计人员参与行业交流和学术研究。通过参加会计学术会议、研讨会和相关行业组织的活动，会计人员可以与同行进行交流，分享经验。此外，非营利组织还要鼓励会计人员参与学术研究，鼓励他们积极探索非营利组织会计制度的前沿问题，为非营利组织会计制度的发展作出贡献。

（六）会计制度与社会责任相结合

非营利组织在关注经济效益的同时，也需要承担社会责任。因此，非营利组织会计制度的未来发展趋势之一，就是将会计制度与社会责任结合起来，通过会计信息披露，反映非营利组织在承担社会责任方面的表现。

承担社会责任是非营利组织的重要行动准则。它包括对社会的贡献和环境保护、慈善事业等方面的责任。在会计制度中融入对社会责任的考量，可以帮助非营利组织更好地展示其在社会责任方面的努力和成就。

非营利组织可以通过会计信息披露来展示其承担社会责任的情况。例如，非营利组织可以披露其在环境保护方面的措施和成果，如减少碳排放、节约能源等；非营利组织可以披露其在社区服务方面的贡献，如提供教育、健康等公益服务的情况；非营利组织可以披露其慈善捐赠的数据和用途；等等。这些信息的披露可以增加非营利组织的信息透明度，加强组织与社会公众的沟通与互动。非营利组织可以通过对会计制度的改进，更好地衡量和评估自身社会责任的履行情况。传统的会计制度主要关注经济方面的数据，而社会责任的考量通常较少被纳入。未来，非营利组织可以探索建设更全面的会计制度，将社会责任因素纳入会计信息的记录和报告之中。这包括制定相关的指标和标准，衡量和评估非营利组织在社会责任方面的表现，以实现对社会责任的量化和可比性分析。

非营利组织还可以积极参与相关的社会责任评级和认证活动。通过参与独立的社会责任评级和认证，非营利组织可以获得第三方的认可和证明，进一步提高信誉，加强自身履行社会责任的可信度。这也可以帮助非营利组织在捐款者、志愿者和合作伙伴中建立更广泛的信任和合作关系。

（七）更加注重风险管理

随着非营利组织业务复杂性和规模的增加，风险管理的重要性也在提升。因此，未来的非营利组织会计制度将更加注重风险管理，包括财务风险、运营风险、合规风险等方面。

非营利组织会计制度应加强对财务风险的管理。财务风险涉及非营利组织的资金流动、预算执行、资金投资等方面。未来的会计制度应制定相应的机制和程序，确保财务流程的透明度和准确性，避免财务管理中的风险和漏洞。此外，非营利组织应定期进行财务风险评估和审计，及时发现和纠正潜在的风险问题。

运营风险涉及非营利组织的项目实施、资源分配、人力管理等方面。未来的会计制度可以通过加强内部控制、建立风险管理流程和制定相关政策，有效管理和控制运营风险。非营利组织应加强对项目和活动的监测和评估，及时调整和改进运营策略，以降低风险的发生和影响。

合规风险也是非营利组织需要关注的重要方面。合规风险涉及非营利组织在法律、税务、会计准则等方面的合规程度。未来的会计制度应强化对合规风险的监管和管理，确保非营利组织的各项行为符合法律和道德要求。非营利组织应加强对相关法规和政策的了解和遵守，并建立内部合规审计和监督机制，及时发现和规避合规风险。

第二节　非营利组织会计标准体系建设

一、构建非营利组织会计标准的必要性

非营利组织会计标准在提供高质量、透明和一致的财务信息，增强公众信任，提高组织效率等方面具有重要作用。

非营利组织会计标准提供了统一的财务报告框架，这有利于提高财务信息的质量和一致性。非营利组织的活动和经济交易复杂多样，如果没有统一的会计标准，每个组织都可能会根据自身的需要和理解来确定如何记录和报告这些交易，这可能导致财务信息的质量和一致性大大降

低。有了会计标准，非营利组织可以按照统一的规则和方法来处理和报告经济交易，这有助于提高组织财务信息的质量和一致性。

非营利组织会计标准有助于提高财务信息的透明度，增强公众对组织的信任度。非营利组织的资金主要来源于公众的捐赠和政府的补助，公众和政府有权知道这些资金的来源和用途，以评估组织的经营效果和信用状况。如果没有会计标准，非营利组织可能会根据自身的需要和理解来决定何时、何地、以何种方式公开财务信息，这可能导致财务信息透明度不足，影响公众的信任度。有了会计标准，非营利组织必须在规定的时间、地点，按照规定的方式公开财务信息，这有助于提高财务信息的透明度和公众的信任度。

非营利组织会计标准可以帮助非营利组织更好地管理和控制资源，提高组织效率。由于建设非营利组织的目标是为社会提供服务，而不是创造利润，因此非营利组织需要通过有效的管理和资源控制来实现这一目标。没有会计标准，非营利组织可能难以确定如何分配和使用资源，这可能导致资源的浪费和效率的降低。有了会计标准，非营利组织可以根据标准的要求和指导来分配和使用资源，这有助于提高组织效率。

二、非营利组织会计标准的构建原则与方法

非营利组织会计标准的构建涉及一系列的原则和方法。这些原则和方法旨在确保会计标准能够反映出非营利组织的特殊性，使组织提供高质量、透明和一致的财务信息，以满足公众和管理者的信息需求，如图2-3所示。

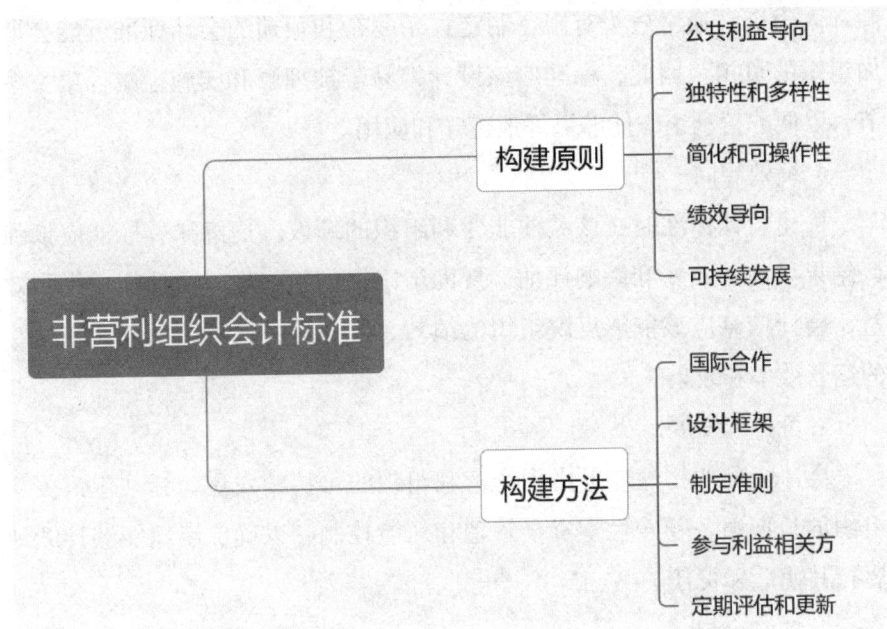

图 2-3　非营利组织会计标准的构建原则和构建方法

（一）构建原则

1. 公共利益导向

非营利组织会计标准的构建应以公共利益为导向。这意味着会计标准的设计和制定要着眼于非营利组织所追求的公益目标，确保财务信息的准确性、透明度和可比性，以支持组织实现使命和社会价值。

2. 独特性和多样性

非营利组织会计标准的构建要考虑到非营利组织的独特性和多样性。不同类型的非营利组织，如慈善组织、文化艺术组织、教育机构等，在目标、活动和财务特征上存在差异。因此，会计标准应能够适应不同类型和规模的组织，并具有灵活性，以便满足各类组织的特定需求。

3. 简化和可操作性

应尽量简化会计标准并增强标准的可操作性。非营利组织的财务资源和人力资源通常较为有限，制定过于复杂和烦琐的会计标准可能会增加组织的负担。因此，标准应该设计得易于被理解和实施，减少繁文缛节，以便非营利组织能够更好地遵守和应用。

4. 绩效导向

构建会计标准时应该关注非营利组织的绩效。这意味着标准应该强调结果导向、效率和影响评估，帮助组织评估和改进其活动的成果和效益。会计信息应该能够反映组织的绩效，并支持决策者评估和比较组织的运营效率和效果。

5. 可持续发展

会计标准的构建应考虑到非营利组织的可持续发展。标准应该关注组织的长期财务稳定性、资金管理和风险控制，以确保组织能够持续地履行其使命和责任。

（二）构建方法

1. 国际合作

构建非营利组织会计标准需要国际合作和共享经验。国际组织和标准制定机构可以通过促进各国之间的合作、比较研究和经验交流，推动非营利组织会计标准的发展和改进。

2. 设计框架

构建非营利组织会计标准需要非营利组织管理者设计适当的框架。此框架应明确会计目标、信息需求和财务报告的要求，并可以提供指导，帮助标准制定者和非营利组织理解和应用会计标准。

3. 制定准则

在框架的指导下，制定具体的会计准则和规定。这些准则应涵盖财务报告的各个方面，包括会计政策、会计估计、财务报表的编制和披露要求等。准则的制定需要充分考虑到非营利组织的特点和需求，采取公开、透明和合理的程序。

4. 参与利益相关方

非营利组织会计标准的构建过程应该充分考虑到利益相关方的意见和需求。利益相关方包括捐赠者、政府机构、监管机构、会计专业人员等。利益相关方的广泛参与，可以确保会计标准在推出之后在社会上可以有较高的接受度，并增强其可行性和有效性。

5. 定期评估和更新

构建非营利组织会计标准需要非营利组织管理者对标准进行定期评估和更新。随着社会和组织环境的变化，会计标准需要不断调整和改进，以适应新的需求和挑战。评估和更新的过程应透明、开放和系统化，确保标准的适应性和时效性。

三、非营利组织会计标准体系的核心组成

建立非营利组织会计标准体系是为了规范非营利组织的财务管理，提高财务信息的透明度和一致性。这个体系的核心组成包括以下几个部分。

基本会计原则是非营利组织会计标准体系的基础。这些原则主要包括会计对象、会计假设、会计元素、会计等式等。会计对象指非营利组织需要记录和报告的经济活动和交易，如捐赠收入、服务费用、资产购买、债务偿还等。会计假设是指非营利组织在进行会计处理和财务报告时需要遵循的基本假设，如会计期间假设、会计单位假设、历史成本假设、货币计量假设等。会计元素指非营利组织在财务报告中需要反映的基本项目，如资产、负债、权益、收入、费用等。会计等式指非营利组织的财务状况和经营结果的基本关系，如"资产＝负债＋权益""收入－费用＝利润"等。

会计处理规则是非营利组织会计标准体系的关键部分。这些规则主要包括识别、计量、记录、报告等方面。识别指非营利组织确定某一经济活动或交易是否应当纳入会计处理的过程，例如，当非营利组织收到

捐赠或支付费用时，需要识别这些交易是收入还是费用。计量指非营利组织确定某一经济活动或交易的金额的过程，例如，非营利组织需要根据历史成本、公允价值、现值等计量属性来计量资产、负债、收入、费用的金额。记录指非营利组织将识别和计量的结果记录在会计账簿中的过程，例如，非营利组织需要将捐赠收入和服务费用记录在收入账户中，将资产购买和债务偿还记录在资产或负债账户中。报告指非营利组织将记录的结果汇总并呈现给公众的过程，例如，非营利组织需要编制财务报表，反映其财务状况和经营结果。

会计信息披露规则是非营利组织会计标准体系的重要组成部分。这些规则主要包括披露目的、披露内容、披露方式、披露时间等。披露目的指非营利组织披露会计信息的基本目的，例如，提供公众和管理者所需的财务信息，增强公众的信任，提高组织效率等。披露内容指非营利组织需要披露的会计信息的具体项目，例如，资产、负债、权益、收入、费用的金额和性质，会计政策和估计的变更，重要的经济活动和交易的详细情况等。披露方式指非营利组织披露会计信息的具体形式，如财务报表、附注、管理层讨论和分析等。披露时间指非营利组织披露会计信息的具体时间点，如每年的会计期末，或者发生重要经济活动和交易时。

四、非营利组织会计标准体系的实施与管理

非营利组织会计标准的实施与管理是确保标准有效运作和财务信息准确披露的关键环节。它涉及标准的传达、监督和执行等方面，如图 2-4 所示。

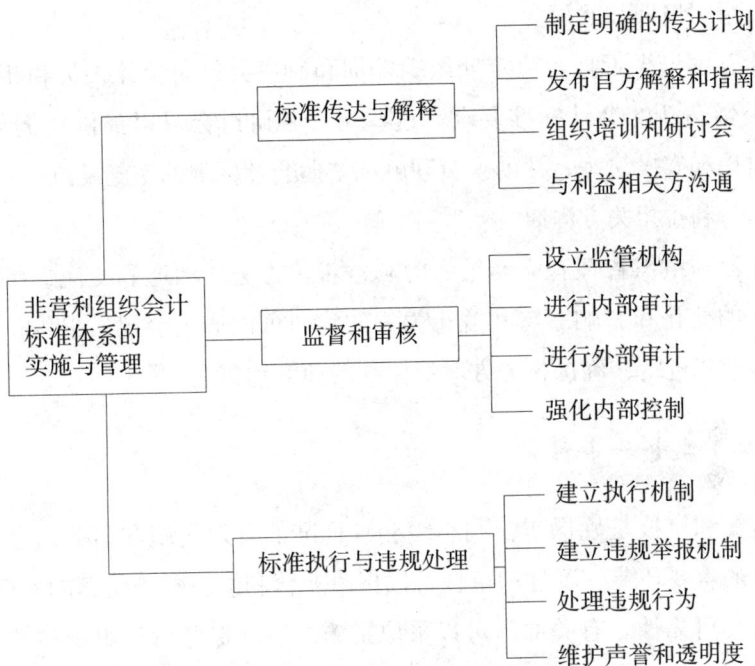

图 2-4 非营利组织会计标准体系的实施与管理

（一）标准传达与解释

标准传达是确保非营利组织了解并正确应用会计标准的第一步，可以通过采取如下措施，确保会计标准的传达与解释得到有效落实。

1. 制定明确的传达计划

非营利组织管理者应制定明确的传达计划，确定传达的时间表、目标和内容。该计划应确保相关方能够及时了解新的会计标准要求，并提供解释和指导。

2. 发布官方解释和指南

非营利组织管理者应制定官方解释和指南，以解释会计标准的具体要求和应用。这些解释和指南应具备权威性和准确性，为非营利组织提供正确的解读和应用指导。

3. 组织培训和研讨会

非营利组织管理者应定期组织培训和研讨会，向会计人员和相关工作人员传达新的会计标准要求。这些培训和研讨会可以提供实例分析、案例讨论和实操演练，帮助人员理解和掌握会计标准的实施要点。

4. 与利益相关方沟通

非营利组织管理者应与组织的利益相关方进行沟通和交流，解释会计标准的变化和影响。与利益相关方的沟通可以通过会议、报告、网络平台等形式进行，确保相关方对新标准的理解和接受。

（二）监督和审核

监督和审核是确保非营利组织会计标准的有效实施和财务信息的准确披露的重要环节。监督和审核可以保障非营利组织财务信息的准确性、合规性和可靠性。有关部门可以采取措施，以确保非营利组织按照会计标准的要求进行会计实践，遵守相关法规和规定，增加财务报告的透明度，提高外界利益相关者对非营利组织的信任度。同时，监督和审核也能够发现和规避潜在的问题和风险，保护非营利组织的利益和声誉。以下措施有助于相关部门进行有效监督和审核。

1. 设立监管机构

非营利组织管理者应建立独立的监管机构或部门，监督非营利组织会计标准的实施和财务报告的准确性。监管机构可以通过制定监管规定、开展审计和检查等方式，确保非营利组织遵守会计标准的要求。

2. 进行内部审计

非营利组织应设立内部审计部门，负责监督和审核组织内部的会计实践和财务报告。内部审计可以评估财务控制的有效性，识别潜在的风险和问题，并提供建议和改进措施。

3. 进行外部审计

非营利组织可以委托独立的外部审计机构对非营利组织的财务报表

进行审计。外部审计可以验证财务信息的准确性和合规性，增加财务报告的可信度和透明度。

4.强化内部控制

非营利组织应建立健全的内部控制制度，确保会计标准的实施和财务信息的准确性。内部控制包括制订和执行财务政策和程序、分工与监督、风险评估与控制等方面，强化内部控制有助于防止欺诈、错误信息和滥用信息牟利现象的出现。

（三）标准执行与违规处理

标准的执行和违规处理是确保非营利组织会计标准得到遵守的关键环节。以下措施有助于推动标准的执行和进行违规行为的处理。

1.建立执行机制

非营利组织应建立执行会计标准的机制，明确责任和程序。这包括设立会计部门、明确岗位职责、建立审批制度和财务报告程序等。建立明确的机制，能够确保会计标准得到有效执行和应用。

2.建立违规举报机制

建立内部和外部的违规举报机制，鼓励非营利组织员工、志愿者和其他相关人员积极举报违反会计标准的行为。同时，对举报者提供保护和奖励，确保违规行为能够被及时发现和处理。这样的机制有助于监督组织内部行为，及时发现违规情况并采取相应的纠正措施。

3.处理违规行为

对违反会计标准的行为进行及时、公正和严肃的处理。这包括内部纪律处分、违规行为的纠正和补救，以及必要时向执法机关报案并追究法律责任。对于违规行为，非营利组织应积极采取行动，规范自身行为。

4.维护声誉和透明度

非营利组织应积极维护自身声誉和信息透明度，及时公开和披露财务信息，回应外界关切和疑虑。提高组织信息透明度有助于增加公众对组织的信任度，减少违规行为的发生。同时，应定期进行内外部审计，对财务报表进行独立审计，确保财务信息的准确性和可靠性。

五、非营利组织会计标准体系的持续改进与更新

非营利组织会计标准体系的持续改进与更新是一个持久且复杂的过程，需要在各个层面进行。这个过程是由多方面因素驱动的，包括非营利组织的发展和变化，会计实践的进步，以及社会、经济和法律环境的变化。这些变化和挑战要求会计标准体系保持灵活性和适应性，以满足非营利组织的新需求，面对新挑战。

非营利组织的经济活动和交易性质在不断地变化和发展。例如，非营利组织可能会参与到更多的公共服务项目之中，或与商业企业进行更多的合作。这些新的经济活动和交易可能涉及新的会计问题和风险，如收入确认、资产评估和风险管理等。为了应对这些新的问题和风险，会计标准体系需要不断地更新和完善其会计处理规则和披露规则。这就需要会计标准制定者紧密关注非营利组织的实际操作，收集和分析实践中的问题和经验，并学习借鉴其他国家和地区的先进做法。

会计理论的发展也可能对非营利组织会计标准体系产生重要影响。例如，随着公允价值计量和现值计量等新的计量属性的提出和应用，非营利组织可能需要在一定范围内采用这些新的计量方法计量资产、负债、收入和费用。这需要会计标准制定者结合会计理论的发展，适时地修订和补充基本会计原则，以确保会计标准体系有扎实的理论基础和灵活的实际适用性。

社会、经济和法律环境的变化也可能对非营利组织会计标准体系产生重要影响。例如，随着信息技术的发展，非营利组织可能需要通过互联网和移动设备等新的渠道披露会计信息，以满足公众的信息需求。这就需要会计标准制定者关注社会、经济和法律环境的变化，对会计信息披露规则进行相应的调整和完善。

第三节　非营利组织会计制度的宣传与贯彻

一、宣传推广非营利组织会计制度的重要性

非营利组织会计制度的重要性不可忽视。非营利组织的会计制度在规范组织内部的财务管理行为，向外界展示组织透明度、公信力和效率等方面发挥了关键作用。然而，无论会计制度本身的优良与否，如果其为广大相关人员所理解和执行的程度不够，那么它的功能和价值就无法得到充分发挥。因此，非营利组织会计制度的宣传推广就显得尤为重要。

在非营利组织中，会计制度是其运营体系的重要组成部分。会计制度规定了非营利组织如何记录、分类、汇总和报告财务信息。这些财务信息不仅对组织内部的决策制定者非常重要，而且能为外部的利益相关者，如捐助者、政府机构、公众等，提供关于组织财务状况和运营效果的重要信息。因此，一个健全且有效的会计制度可以确保非营利组织的财务信息的准确性和可靠性，从而提高组织的运营效率和公信力。

然而，会计制度的设计和实施并不是一件简单的事情。非营利组织需要考虑许多因素，包括组织的规模、目标、资源、人员素质、法律法规要求等。这就需要组织的领导者和会计人员有深厚的会计知识和较高的技能水平，以便设计出适合组织的会计制度，并应指导其他员工和志愿者遵循该制度。

在此背景下，对非营利组织会计制度的宣传推广就显得非常重要。首先，通过宣传会计制度，非营利组织可以丰富组织内部人员的会计知识和技能。许多员工和志愿者可能并没有专业的会计背景，但他们在日常工作中可能需要处理一些与会计相关的事务。如果他们对会计制度有充分的理解，那么他们就能够更准确、有效地完成这些任务，从而提高组织的运营效率。

宣传推广会计制度有助于提高非营利组织的公信力。由于公众、捐

助者和政府机构通常都关心非营利组织的财务状况和运营效果，因此人们也需要了解组织的会计制度及其实施情况。如果非营利组织能够通过有效的宣传活动，向公众展示其会计制度的合理性和严谨性，那么它就能够提高公众的信任度，从而增强自身的筹款能力和影响力。

宣传推广会计制度能够提高非营利组织的合规性。在许多国家和地区，非营利组织需要遵循一系列会计法规和标准，否则可能面临法律风险。通过宣传会计制度，非营利组织不仅可以提醒内部人员遵守相关规定，还可以向外界证明其遵法经营的决心。这既可以避免潜在的法律问题，也可以提升非营利组织在公众和捐助者心中的形象。

二、宣传推广非营利组织会计制度的有效途径

非营利组织会计制度的宣传推广是一个复杂且重要的任务，需要通过多种途径和方法进行。非营利组织应该根据自身的实际情况和需求，灵活运用这些方法，以便更有效地落实会计制度，实现非营利组织的目标和使命。其具体途径，如图 2-5 所示。

图 2-5　宣传非营利组织会计制度的途径

（一）培训

非营利组织为了保持财务透明度和信息准确性，有必要定期组织内部人员进行关于会计制度的培训。该培训应包括对会计基础知识、会计

制度的主要内容和执行规则、会计制度的变更信息等的讲解。此外，组织实际操作和案例演练活动，如模拟操作、角色扮演、实际案例分析等，也能够帮助内部人员更好地理解和运用会计制度。这样可以提高他们的会计素质、风险意识和掌握能力，确保会计处理的正确性和及时性。

非营利组织定期开展此类培训十分必要，它可以规范会计处理流程，也可以增强内部人员的责任感和对会计制度的认同感，使非营利组织的会计人员能更好地了解会计制度的建立目的和重要性，从而避免出现违反会计规定的行为。同时，正确的会计思想和技能，可以提高决策者对筹资、预算和资金监管的认识，精确把握自身的财务情况和发展方向，促进组织的可持续发展。

（二）公开透明的财务报告

非营利组织宣传推广会计制度的有效途径之一是发布公开透明的财务报告。它能向外界展示非营利组织的会计制度执行情况，增强公众、捐助者和政府机构对组织的信任度和满意程度。财务报告应包括准确而全面的财务信息，并遵循相关会计准则和规定。非营利组织可以通过官方网站、社交媒体平台等渠道发布财务报告，使公众能够方便地获取这些信息。此外，组织还可以利用公众演讲和会议等机会，直接与公众互动，向他们介绍和解释财务报告中的内容和重要信息，以提高公众对会计制度的理解和认同。

通过发布公开透明的财务报告，非营利组织能够树立良好的财务管理形象，建立良好的信誉。这有助于非营利组织吸引更多的捐助和支持，推动组织的可持续发展，并为实现组织的使命和目标提供有力的支持。同时，非营利组织与合作伙伴和捐助者的沟通也是重要的一环，组织应定期向他们提供财务报告，并解释报告中的重要数据和指标，以增加他们对组织的了解和信任。通过这些努力，非营利组织能够在社会中树立起良好的形象，并得到更多的支持和认可。

（三）利用网络和社交媒体进行会计制度的宣传

非营利组织可以利用网络和社交媒体宣传推广会计制度。通过在官方网站上创建专门的页面，非营利组织可以条理清晰地介绍和解释会计制度的内容和执行情况，提供操作指南和常见问题解答，帮助公众更好地理解会计制度。利用各种社交媒体平台，组织可以定期发布会计制度的更新信息、操作提示和案例分享，提高公众对会计制度的认识和兴趣。通过互动回应公众的疑问和关注，组织能够建立起与公众的紧密联系，增强公众对会计制度的信任感和参与度。

通过利用网络和社交媒体进行会计制度的宣传推广，非营利组织能够迅速传播关于会计制度的信息，吸引更多人的关注和参与。这种方式不仅提高了公众对会计制度的认识和理解，还增强了组织与公众之间的互动和信任关系。这将有助于增强组织的财务管理能力，提高透明度和可信度，为组织的发展和使命与目标的实现打下坚实的基础。

（四）向合作伙伴和行业协会进行会计制度的宣传

合作伙伴和行业协会是非营利组织宣传推广会计制度的重要资源。非营利组织可以与这些合作伙伴和行业协会合作举办会计制度的研讨会、讲座、工作坊等活动。这些活动可以吸引相关领域的专业人士和利益相关者，提高会计制度的知名度和影响力。在活动中，组织可以分享自身的会计制度经验和实践，同时借此机会吸收合作伙伴和行业协会的专业知识和经验，共同探讨会计制度的改进和执行。

非营利组织可以利用合作伙伴和行业协会的平台，发布会计制度的相关信息和资源。合作伙伴和行业协会通常具有广泛的影响力和专业知识，他们的平台可以为非营利组织提供更大的曝光度和影响力。组织可以在合作伙伴的网站、刊物、社交媒体等渠道上发布会计制度的相关文章、指南、案例等内容，让更多的人了解和学习会计制度的重要性和实施方法。

通过与合作伙伴和行业协会的合作，非营利组织能够借助他们的专业知识和资源，提高会计制度的社会认可度和可靠性。同时，这种合作也为组织提供了学习和改进的机会，促进会计制度的不断优化。通过多方的共同努力，非营利组织能够更好地宣传、推广和落实会计制度，为实现组织的目标和使命奠定坚实的财务基础。

三、非营利组织会计制度的实施与监督

会计制度的实施与监督是非营利组织会计管理工作的重要环节。正确、有效的实施与监督，不仅有助于非营利组织做好财务管理，提高运营效率，而且有助于保护捐赠者和社会公众的权益，增强非营利组织的公信力，如图2-6所示。

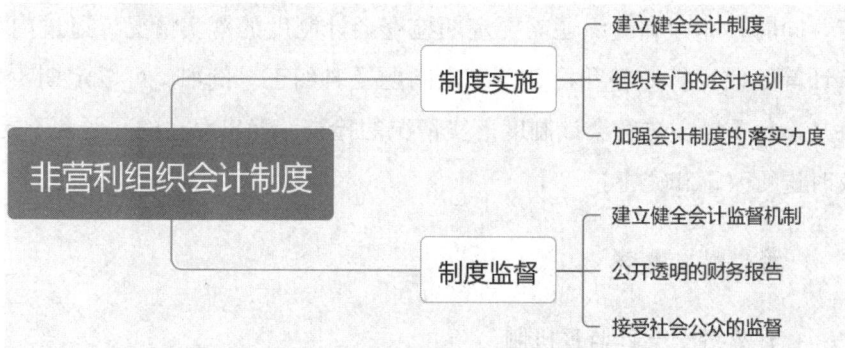

图 2-6 非营利组织会计制度的实施与监督

（一）制度实施

1. 建立健全会计制度

会计制度是非营利组织会计工作的基础，也是会计工作的规范。非营利组织需要根据自身的规模、性质、业务范围等，结合国家和行业的相关法规和标准，制定既科学又实用的会计制度。例如，可以设立专门的会计部门，制定会计政策和流程，设定财务报告的格式和内容等。此外，非营利组织还需要考虑如何将会计制度与组织的其他管理制度（如

预算制度、内部控制制度等）进行有效的衔接和配合。

2. 组织专门的会计培训

专门的会计培训可以提高员工对会计制度的理解和熟悉程度，提高他们的会计技能，使他们能够正确、有效地落实会计制度。培训的形式可以多样化，如讲座、研讨会、在线课程等。为了增强培训效果，可以采取一些实用性强的方法，如案例分析、模拟操作等，帮助员工更好地理解和掌握会计制度。

3. 加强会计制度的落实力度

对不遵守会计制度的行为，非营利组织需要严肃处理，给予相应的处罚，以维护会计制度的权威性。处罚可以包括口头警告、书面警告、降级、解雇等，具体的处罚方式和程度应根据违规行为的严重程度而决定。同时，非营利组织还需要定期检查会计制度的落实情况，通过内部审计等手段进行监督和检查，发现问题及时纠正。例如，可以定期（如每月、每季度）进行会计制度落实情况的检查，找出存在的问题和不足，及时进行改正和完善。

（二）制度监督

1. 建立健全会计监督机制

会计监督是保证会计制度能被贯彻落实的重要手段。非营利组织可以设立专门的会计监督部门，例如，设立内部审计部门，由专业的内部审计人员对会计工作进行持续的、深入的检查。此外，也可以聘请外部的会计审计机构，如注册会计师事务所，对会计工作进行定期的、系统的检查。这样既可以发现和纠正会计差错和违规行为，也可以推动会计制度的改进和完善。

2. 公开透明的财务报告

公开透明的财务报告不仅可以向捐赠者和社会公众展示非营利组织的财务状况和运营效果，还可以让他们监督非营利组织做好会计工作。

在编制财务报告时，应尽可能全面、准确、清晰地反映组织的财务状况和经营成果。同时，应及时、定期地向捐赠者和社会公众公开财务报告，接受他们的监督和评价。

3. 接受社会公众的监督

社会公众是非营利组织最重要的利益相关者，他们对非营利组织的会计工作也有高度的关注。非营利组织需要尊重并接受社会公众的监督，设置便利的信息公开渠道，如组织的官方网站、社交媒体平台等，公布财务报告和其他重要信息。同时，非营利组织要积极回应社会公众的关切和疑问，如设立咨询热线或建立在线反馈平台，及时解答公众的疑问，接受公众的建议和批评，以提高非营利组织的公信力和社会影响力。

四、非营利组织会计制度教育与培训

进行关于会计制度的教育与培训对非营利组织的运营具有重要意义。它不仅有助于提升组织内部员工的会计知识和技能，保证组织财务运作的规范性和有效性，而且还能够提高组织的透明度和公信力，增强公众影响力。

在非营利组织中，落实员工的会计教育是确保财务运作的规范性和有效性的重要措施。由于非营利组织中的员工来自各行各业，员工的会计知识和技能水平可能存在差异，因此组织应提供基础的会计教育来填补员工知识的空白。基础的会计教育应注重培养员工对会计学科的基本概念、原理和方法的理解，使其掌握基本会计术语和会计语言。通过这样的教育，员工能够在日常工作中准确理解和使用会计信息，有效地履行会计职责。这将有助于提高非营利组织的财务管理水平，确保财务报告的准确性和可靠性，进而提高组织的透明度和公信力。

为了确保非营利组织的财务管理与其业务的特殊性相契合，针对会计制度的专项培训必不可少。由于每个非营利组织都有独特的目标和运营方式，其会计制度可能与商业公司的会计制度存在差异。因此，非营利组织需要为员工提供专门的非营利组织会计制度的培训，使其全面了解并熟悉组织自身的会计制度，能够准确并规范地执行相关操作。

这种专项培训应当具有针对性和实用性，既要涵盖会计制度的理论知识，也要注重演示和实际操作。培训内容应该包括组织会计制度的基本原则、核心要素以及相关规定和程序。此外，通过案例分析和模拟实践等方式，员工可以深入了解会计制度的实际应用方法，提高正确运用会计制度的能力。

通过开展会计制度的专项培训，非营利组织可以加强员工对组织特定会计制度的理解和应用能力，提高组织内部财务管理的规范性和有效性。这将有助于确保财务信息的准确性和可靠性，进一步增强非营利组织的透明度和公信力，为组织的长期发展和使命实现提供坚实的财务基础。

会计软件的操作培训应基于员工的实际需求和能力，以满足其熟练使用会计软件的需要。同时，培训内容也应包括对基本操作技巧的教授，如数据输入与调整、财务报表的生成与分析等。通过讲解和示范，培训能够帮助员工逐步掌握这些基本技能。培训还应着重介绍会计软件的高级功能和应用，包括预算编制、资金管理、项目跟踪等方面的操作技巧。在培训中引导员工了解和掌握这些高级功能，能够使员工充分利用会计软件来优化和支持非营利组织的财务管理和决策。

通过会计软件的操作培训，非营利组织能够提升员工的技术能力和熟练度，使其能熟练运用会计软件来处理各种财务事务。这将显著提高员工的工作效率和准确性，减少错误和重复工作，并为组织提供更准确和及时的财务信息支持。

最后，加强会计职业道德教育。会计工作涉及资金和信息的处理，对从业人员有很高的道德要求。非营利组织需要为员工提供会计职业道德教育，使他们明确自己的责任和义务，在工作中坚守道德底线。这种教育应该贯穿于员工的整个职业生涯，既要讲解理论，也要引导员工进行道德层面的反思和实践。

五、提高非营利组织会计制度的公众认知和接受度

公众对非营利组织会计制度的认知和接受度是衡量非营利组织公信力和影响力的重要指标。较高的公众认知和接受度不仅能够帮助非营利组织赢得更多的社会支持和资源，而且还能够提高其运营效率，获得良好的社会效果。因此，非营利组织需要通过各种方式，提高其会计制度的公众认知度和接受度。

提高公众认知度的第一步是提供透明的会计信息。非营利组织需要定期发布财务报告，公开其资金的来源和用途，解释其会计政策和方法。这样，公众就能够了解非营利组织的财务状况，理解其会计制度，建立对非营利组织的信任。在发布财务报告时，非营利组织应该注重信息的准确性和完整性，避免误导公众。同时，非营利组织该注重信息的可理解性，使用简洁明了的语言，普通公众也能理解所披露的信息内容。非营利组织还可以考虑采用可视化的方式呈现财务信息，如制作信息图表，以更直观、易懂的方式展示财务数据。这样可以帮助公众更快速地理解非营利组织的财务状况和运营情况，提高信息传达的效果。

提高公众认知度的第二步是进行积极的公众宣传。非营利组织可以通过多种渠道和平台向公众宣传会计知识和相关信息。举办公开讲座、研讨会或组织社区活动，可以吸引公众的注意并为人们提供机会与非营利组织进行互动和交流。此外，利用社交媒体平台、官方网站和电子邮件等工具，发布有关会计的信息，解答常见问题，能够使非营利组织的会计制度信息更广泛地触达公众群体，加深公众对会计的认知和了解。

在进行公众宣传时，非营利组织应注重信息的可接受性和可信度。语言应简洁明了，避免使用过于专业化的术语和复杂的表达方式。同时，应以事实为依据，提供准确和可靠的信息，以增强公众对非营利组织的信任。

　　提高公众认知的第三步是建立良好的公众关系。非营利组织需要与公众建立双向的沟通渠道，积极倾听公众的声音和反馈。这可以通过开展问卷调查、举办座谈会或与利益相关者进行定期会议等方式实现。通过与公众的互动，了解他们的需求和关切，非营利组织可以更好地回应公众的期望，并改进会计制度和财务管理的相关方面。

　　在维护与公众的关系时，非营利组织应注重透明度和开放性。及时回应公众的疑问和批评，解释会计决策的背后原因，并展示非营利组织持续改进的努力。通过与公众的互动和信任的建立，非营利组织可以增强公众对自身的认可和支持度，树立良好的公众形象。

第三章　管理会计在非营利组织
会计中的应用

　　近年来，随着社会经济的迅猛增长和事业单位改革的推进，各类非营利机构也在快速发展。在这一背景下，非营利组织的影响力日益加深，其在现代社会中的作用也逐渐凸显。近年来，非营利组织逐步承担起了政府在某些义务领域的责任。

　　在管理会计上，非营利组织和营利组织存在一些相似之处，但也有一些显著的不同之处。非营利组织的经营管理理念通常与社会责任和非营利组织的公益导向紧密相连，强调社会效益和公众利益的最大化，而不是单纯追求利润的最大化。其经营目标主要包括满足社会需求、提供公共服务和推动社会发展等。在产品成本计算方面，非营利组织也存在一些特殊考虑。由于其追求的不仅是经济效益，还包括社会效益，因此在计算产品成本时非营利组织需要综合考虑相关的社会资源消耗和影响。这可能涉及对志愿者时间、社会捐赠和非货币资源等进行合理估价。

　　在绩效评估方面，非营利组织通常会综合考虑经济效益、社会效益和环境效益等多个方面，以评估自身对社会的贡献和目标的实现程度。与营利组织不同，非营利组织的绩效评估更加注重社会影响和长期的可持续发展。

第一节 管理会计在非营利组织会计中的应用价值

一、管理会计定义与特性

管理会计是从财务会计中分离出来的，它利用财务会计、统计及其他有关资料并通过对这些资料进行整理、计算、对比和分析，产生一系列新的信息，用于满足企业内部管理人员在编制计划、作出决策、控制经济活动等方面的信息需要，是服务于企业以加强内部经营管理、加强决策控制、提高经济效益的一套信息处理系统，管理会计主要包括预测分析、决策分析、全面预算、成本控制和责任会计等内容。

管理会计作为一种内部会计信息系统，核心目的在于为组织内部的管理者提供决策支持信息。管理会计的信息不仅包括了财务信息，还涵盖了非财务信息，如市场份额、客户满意度、内部流程效率等。这种多维度的信息，为管理者提供了全面而深入的视角，有助于支持管理者的决策。

管理会计以内部决策者为服务对象。这一特性决定了管理会计的相关信息需要根据管理者的特定需求来提供，而不是像财务会计那样，主要服务于外部利益相关者，如股东、债权人、税务机关等。因此，管理会计的信息往往更为详细，更注重实用性，并且可以灵活地定制。例如，管理会计报告可能会根据部门或者项目特点进行详细的成本分析，从而帮助管理者了解并改进内部的运营效率。

管理会计注重未来，这一特性表现在管理会计不仅会对过去的财务信息进行分析，还会进行预测，从而对未来进行规划。这些规划和预测可以帮助管理者提前发现可能的问题，从而进行预防和应对。例如，通过销售预测和成本预算，管理者可以提前了解未来的盈利情况，从而制订相应的战略和对策。

管理会计旨在提供决策支持。这意味着管理会计的信息并不只是对事实的记录，更是对信息的分析和解读。管理会计师会运用各种工具和技术，如成本–效益分析、敏感性分析、风险评估等，帮助管理者理解信息背后的意义，提出建议，从而支持他们的决策。在这个过程中，管理会计师的专业判断和伦理素养也至关重要。

对非营利组织而言，管理会计的应用同样重要。非营利组织的目标通常是服务社会，而非盈利。因此，他们的成功与否往往取决于他们能否有效地使用有限的资源，达到其服务的目标。在这种情况下，管理会计可以为非营利组织提供有效的工具，帮助他们进行资源配置、效率提升、风险管理等方面的决策。例如，通过成本分析，非营利组织可以了解其服务的实际成本，从而更好地制定价格和筹款策略；通过预算和预测，组织可以更好地规划未来的活动，避免资源的浪费；通过绩效管理，组织可以了解哪些活动或者项目更有效，从而进行优化。

二、管理会计在非营利组织中应用的必要性

管理会计在非营利组织中应用的必要性，如图 3–1 所示。

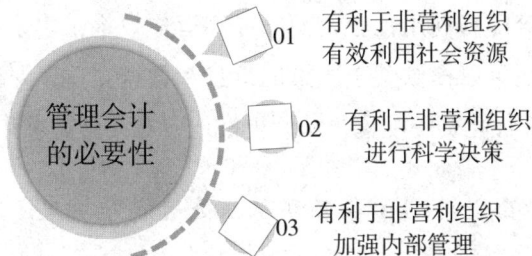

图 3–1　管理会计在非营利组织中应用的必要性

（一）管理会计有利于非营利组织有效利用社会资源

在非营利组织中应用管理会计可以有效地帮助组织利用社会资源。非营利组织在运作过程中要处理来自社会各个部门和阶层的资源注入，包括物力和人力的支持。这些资源的分配和利用情况将直接影响到非营利组织的发展和社会效益。

非营利组织的主要资金来源通常是各级政府的预算拨款、捐赠以及单位的收支结余等。与提供资源的一方相比，组织并不以经济利益回报为目的。因此，非营利组织的经营者并不追求经济价值的最大化，而是追求更高的经济效益，以获得广义上的社会效益。

由于非营利组织的经营目标不是追求利润，而是追求广义上的社会效益，因此衡量非营利组织的社会效益有些困难，无法简单地采用量化的指标。然而，如果没有一种有效的管理方法来指导和评估非营利组织的运作，就将导致组织管理不善和社会资源的低效利用，从而影响到整体社会福利的提升。

可见，对于非营利组织来说，完善和强化管理至关重要。管理会计作为一种管理工具和方法，可以为非营利组织提供有效的资源规划方案和管理策略。通过应用管理会计，非营利组织可以对组织的不同资源进行预算编制、成本控制、绩效评估等方面的规划和管理，以最大程度地发挥资源的社会价值。

通过管理会计的应用，非营利组织可以更好地了解和把握自身资源的情况，合理分配和利用社会资源，提高运作效率，实现更大的社会效益。管理会计还可以提供关于决策的信息和数据支持，帮助非营利组织进行战略规划并优化资源配置，从而更好地应对社会需求和挑战。

（二）管理会计有利于非营利组织进行科学决策

管理会计在非营利组织中的应用可以帮助组织进行科学决策。为了提升非营利组织的整体管理水平，促进其长期生存和发展，非营利组织的管理者要学会应用管理会计的技术和方法。

管理会计通过系统地加工、整合和编制组织的报表和材料，为非营利组织提供相关的信息和数据支持。这些报表和材料包括财务报表、成本报表、预算报表等，能够提供组织在财务状况、经营绩效、资源利用情况等方面的信息。通过对这些信息的分析和评估，非营利组织的管理者可以更准确地了解组织的现状和趋势，从而做出科学决策。

管理会计还可以为非营利组织提供绩效评估和指标体系，帮助管理者评估组织的运营效果和目标达成情况。通过设定合适的绩效指标，管理者可以对组织的各项活动进行量化评估，识别问题和改进机会，并及时调整决策方向，以提高组织的效益。

在面对各种决策时，非营利组织的管理者可以借助管理会计的工具和方法进行分析和预测。例如，利用成本分析和预算管理，管理者可以评估不同方案的成本和效益，从而选择最佳的决策方向。管理会计还可以提供对风险管理和投资评估方案的支持，帮助管理者在面对不确定性和风险时做出明智的决策。

通过管理会计的应用，非营利组织可以基于客观、准确的数据和信息进行决策，避免主观臆断和盲目决策所带来的风险。科学的决策过程可以提高决策的准确性和有效性，有助于非营利组织更好地应对内外部的挑战和变化。

（三）管理会计有利于非营利组织加强内部管理

管理会计在非营利组织中的应用可以帮助组织加强内部管理。非营利组织由于没有利润指标和固定成本，无法准确确认和计量投入和产出情况。同时非营利组织的最终目标是实现某一社会使命，面临的竞争压力较小，但运作管理需要接受社会的监督。

为了促进非营利组织的长期生存和发展，人们需要采取目标管理、决策分析、价值核算等方式来全程管理非营利组织的活动，加强对其业务的监督。管理会计可以提供相关的工具和方法，帮助非营利组织设定明确的目标，进行决策分析和价值核算。这些措施也可以加强非营利组织的内部管理。

目标管理是一种管理方法，通过设定明确的目标和绩效指标，制订相应的计划和方案，引导并激励组织成员为实现这些目标而努力工作。

管理会计可以提供目标管理所需的工具和技术，帮助非营利组织制定可操作的目标，并监控目标的达成情况。这有助于提高组织成员对社会使命的崇敬感和落实度，增强组织的内部凝聚力和效率。

决策分析指通过对信息和数据的分析，进行合理决策的过程。管理会计提供了丰富的信息和数据支持，帮助非营利组织进行决策分析。对资源的评估、对成本效益的分析和对风险的评估，可以帮助非营利组织科学决策，减少不确定性和风险。

价值核算指将非财务价值转化为财务价值的过程。管理会计可以提供相应的价值核算方法和工具，帮助非营利组织将其社会使命和非财务价值转化为可量化的财务指标。这有助于提高非营利组织的业务透明度和公信力，加强组织与外界的沟通和互动。

三、非营利组织中管理会计的挑战和解决策略

尽管管理会计在非营利组织中具有重要的应用价值，但是在实际应用过程中，管理会计的实施也面临着一些挑战。这些挑战的出现主要源于非营利组织的特殊性质，如非营利组织目标的多元性、非财务目标的重要性、资源来源的多样性等。

（一）目标多元性

非营利组织的目标通常是多元的，包括社会服务目标、财务稳定目标、组织发展目标等。这种多元性使非营利组织在决策过程中需要平衡各种不同的目标，而这就对管理会计在非营利组织中的应用提出了挑战。例如，如何在成本控制和服务质量之间找到平衡，如何在追求财务稳定和扩大社会影响之间做出抉择等。

解决策略：非营利组织可以通过设定明确的目标和优先级来解决这个问题。首先，非营利组织需要明确其使命和目标，这是决策的基础。然后，非营利组织需要建立一套决策流程，明确各个目标的优先级。在

这个流程中，管理会计的作用是提供信息支持，帮助组织明确各个目标的财务影响，并以此为基础，做出符合组织利益的决策。

（二）非财务目标

非营利组织的非财务目标，如服务质量、客户满意度、社会影响等，通常是非常重要的。然而，这些非财务目标往往难以量化，也难以被直接反映在财务报表中。这也对管理会计的应用提出了挑战。例如，如何准确地衡量和评价非财务绩效，如何将非财务绩效与财务绩效相结合等。

解决策略：非营利组织可以通过建立绩效评价体系来解决这个问题。绩效评价体系应包括财务和非财务两个方面的指标。非财务指标可以包括服务质量、客户满意度、社会影响等，这些指标可以通过问卷调查、社区反馈等方式获得。然后，这些非财务指标需要与财务指标相结合，形成一个全面的绩效评价体系。管理会计在这个过程中的作用是提供方法和工具，帮助组织建立并应用这个绩效评价体系。

（三）资源来源多样性

非营利组织的资源来源通常是多样的，包括政府补助、捐赠、服务收入等。这种多样性使非营利组织在资源配置和管理过程中需要考虑更多的因素，这也对管理会计的应用提出了挑战。例如，如何对不同来源的资源进行有效的管理和控制，如何在满足各种资源提供者的要求的同时，保证组织的运营效率和效果等。

解决策略：非营利组织可以通过建立有效的资源管理制度来解决这个问题。资源管理制度应明确每一种资源的管理方式和使用规则，这些资源包括政府补助、捐赠、服务收入等。在这个制度中，管理会计的作用是提供信息和分析，帮助组织了解每一种资源的使用效果，并以此为基础，助力组织做出更有效的资源配置决策。

第二节　非营利组织业财融合

"业财融合"是一种源自管理会计的概念，它主张将企业的业务流程、财务会计流程和管理流程完全融合在一起。在这个模式下，财务数据和业务数据能够有机结合，使会计人员能及时向管理层提供相关信息的反馈。其核心目标是通过对企业集团的业务活动进行管理，实现企业的预设经营目标，最终实现财务数据和业务数据的深度整合。

业财融合在管理会计领域中占据着重要的地位，它通过共享企业的财务和业务信息，将财务管理的范围拓展到业务活动的前端，从而实现财务部门对企业经营的全面参与。业财融合的核心理念是推动企业的财务管理从传统的核算型会计向更具参与性的管理型会计的转变，使之参与到企业的决策过程中，全面地分析和处理业务财务数据，从而为企业的经营决策和可持续发展提供支持。

一、"业财融合"理念产生的因素驱动

业财融合作为一种新兴的管理模式，该理念的提出主要是市场竞争、信息技术、知识经济、财务管理理念变革，以及实践界关注等多方面因素共同作用的结果。这些因素推动了业财融合理念的提出和发展，促使企业将财务管理与业务管理融合，实现财务数据和业务数据的深度整合，从而提高企业的经营效率和竞争力。具体来说，这一理念提出的背景主要受五个方面的因素驱动，如图3-2所示。

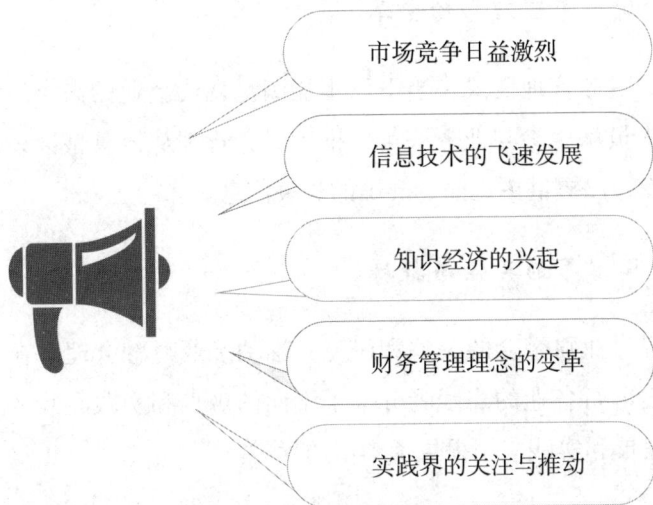

图 3-2　业财融合的因素驱动

（一）市场竞争日益激烈

随着全球化和市场经济的发展，企业面临着越来越激烈的市场竞争。为了提高竞争力，企业需要优化内部管理，提高效率，降低成本。业财融合作为一种更高效的管理模式，有助于企业实现这些目标。

（二）信息技术的飞速发展

互联网、大数据、人工智能等新技术的快速发展，为企业提供了实现业财融合的技术基础。通过建立集成的信息系统，企业能够实现财务数据和业务数据的有机融合，从而提高管理效率。

（三）知识经济的兴起

在知识经济时代，企业的核心竞争力来自知识和创新。业财融合有助于企业更好地利用财务和业务信息，为创新决策提供支持。

（四）财务管理理念的变革

传统的财务管理模式在当下已不能满足现代企业的需求。业财融合提倡财务人员深度参与业务决策，推动财务管理从核算型会计向管理型会计的转变，以提供更全面、准确的决策信息。

（五）实践界的关注与推动

实务界对业财融合的关注和研究，推动了业财融合理念在企业中的实施。来自各行各业的实践者分享了不同的观点和实践经验，为业财融合的理论发展和实践应用提供了丰富的素材。

二、业财融合的理论框架

业财融合的理论框架，如图 3-3 所示。

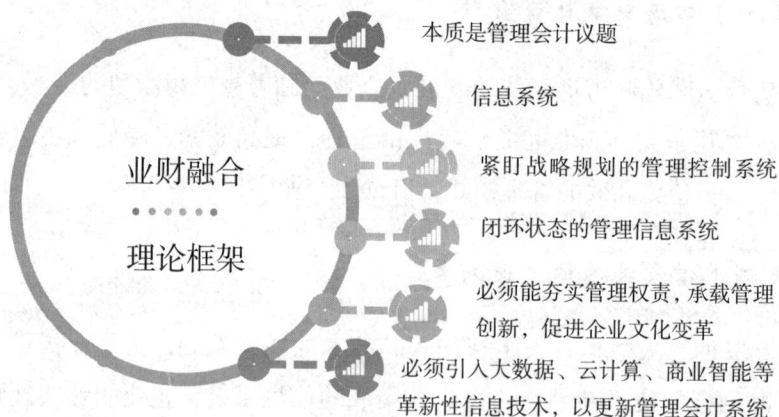

图 3-3　业财融合的理论框架

（一）业财融合的本质是一个管理会计议题

业财融合作为一个财务和会计问题，主要涉及财务会计、管理会计、企业财务和审计四个主要领域。人们的首要任务是明确业财融合应该归属于哪一领域，或者更倾向于哪一领域。只有在现有学科的基础上构建清晰的概念属性、理论基础和内容框架，理论分析才能有所依据。同时，只有明确理论，业财融合才能为实践操作提供更清晰的路径和方法。

业财融合在概念上与财务会计和审计学两个专业有较大的差距。虽然业财融合强调了"财"的重要性，但这里的"财"主要指财务和与会计相关的决策信息，而不是指财务学范畴里的相关概念。从专业角度来看，企业财务主要涉及的内容包括融资决策与资本结构、资本预算与投资决策、股利分配、并购重组等。而管理会计主要关注成本计算、短期经营决策、长期投资决策分析、成本控制、责任中心与转移定价、业绩评价等。企业财务则关注外部资本市场，涉及与外部的沟通估值、定价、融资方式、资本成本、投资并购、尽职调查等。而管理会计主要服务于企业内部的经营决策和资源配置，这正是业财融合的重点所在。管理会计则通过改善组织的经营绩效为组织创造价值。因此，业财融合在本质上是管理会计的议题。

（二）业财融合是一个信息系统

业财融合是一个信息系统，旨在为企业内部的决策与评价提供支持。管理会计本质上是一个会计命题，是挖掘、分析、传递和利用与决策相关的财务与非财务信息，从而为组织机构创造价值并持续维持其价值的学科。因此，管理会计本身就是一个信息系统，业财融合作为管理会计学科议题之一，也是一个信息系统。

战略管理、营运管理、投融资管理、风险管理等是管理会计的外延性内容，而非其核心。管理会计并不直接制定战略或做出经营决策，而是辅助企业制定战略和长短期经营决策，它实际上是一个决策支持系统。将企业的运作与管理视作一辆行驶中的汽车或飞行中的飞机，管理会计系统就相当于驾驶员（飞行员）座位旁的仪表盘。

业财融合作为一个管理会计议题，并不意味着让财务部门直接参与经营决策和经营活动，而是侧重于企业的后台管理业务。其主要任务是进行信息确认、计量、记录和汇总报告，目的是为企业内部的管理者和员工提供决策所需的信息。这个信息系统应该服从和服务于企业在创造价值、主导战略、控制风险、管理供应链、管理绩效，以及管控成本等方面的需求。

尽管现有企业大多已经拥有自己的信息系统，如 ERP 系统、预算管理系统、经营分析系统等，但大部分企业仍然需要以业财融合为理念的管理会计信息系统。原因主要有以下四个方面。第一，现有的信息系统主要以财务会计信息为主，过多的专业内容和术语使非财会人员望而却步；第二，现有的信息系统多数是"事后报告"，信息沟通的时效性较差；第三，企业内部存在信息集成多部门、信息沟通多口径的问题，容易让信息使用者，特别是高层管理者感到困惑；第四，现有的信息系统提供的信息粒度较粗，难以进行精准判断。这些缺陷和问题正是业财融合发展的现实背景，也是更新、优化和整合企业管理会计信息系统的动力，是业财融合所关注的实质内容和要完成的艰巨任务。

（三）业财融合是一个紧盯战略规划的管理控制系统

业财融合是一个紧盯战略规划的管理控制系统，它超越了简单的管理会计工具和管理信息系统的范畴，更加注重企业的愿景、战略目标、核心竞争力、资源能力、价值链布局和市场对标等因素。

在过去的研究中，管理会计的框架包括战略计划、预算编制、资源配置、业绩计量评价与奖惩、责任中心分配，以及转移定价等要素。决策会计、计划会计、执行会计和管理会计报告是管理会计的主要议题。而在实际应用中，管理会计系统（management accounting system, MAS）和管理控制系统（management control system, MCS）常常被视为相同的概念，或者是同一管理业务的两种表达。然而，近年来管理会计理论越来越多地使用管理控制系统而非管理会计系统的概念，可以说 MCS 是 MAS 的进一步发展，并且，MCS 尤其关注战略和价值链方面的内容。

由此可见，业财融合特别强调战略决策、商业模式和业务经营方面信息的提供，并紧密关注企业的价值链。它不仅覆盖了价值链中的每个环节（特别是增值活动），还展现了不同活动之间的业务逻辑。以业务逻辑为核心，业财融合追求企业价值链中各环节的协同作用。

（四）业财融合是一个闭环状态的管理信息系统

业财融合是一个闭环状态的管理信息系统。在过去的发展中，我国管理会计过于关注管理工具的使用，评估企业管理会计实践的强弱与效果主要基于企业使用了多少或哪些管理工具。然而，仅仅依靠工具的使用无法准确评估企业的管理会计系统是否成功实现了业财融合。就像医生开具相同药方或多种药方，但没有进行全面体检和与病人的交流的话，就不能认定该医生是尽职的。

在管理会计理论中，闭环管理被认为是管理控制框架的重要因素之一，它包括计量、评估、执行和沟通四个要素。构建业财融合理论框架时，闭环管理和信息支持是重要的考虑因素。这些阶段包括制定战略、规划战略、组织协同、规划运营、监督与学习，以及检验与调整。

业财融合的理论设计必须将管理会计思想、工具，特别是信息系统，有机地融入企业战略管理的各个要点、企业经营的各个方面和 PDCA 循环的各个流程中。这样的闭环管理模式才能够确保信息的全面流通和准确传递，从而实现业财融合的目标。

（五）业财融合必须能夯实管理权责，承载管理创新，促进企业文化变革

业财融合强调财务部门的主体责任，但并不局限于财务部门，它要明确企业各职能部门和各级管理人员的相关主体权责配置。杰罗尔德·齐默尔曼（Jerold Zimmerman）认为，所有组织都必须建立起功能分别为分派决策权、衡量经营业绩和根据经营业绩进行奖惩的三个体系，这三个体系构成了企业管理控制的全部内容。业财融合需要体现财务部门的信息责任，但必须通过信息系统明确各级管理层和各职能部门的权责，推动落实评价和奖惩制度。

罗伯特·西蒙斯（Robert Simons）提出了信念杠杆、边界杠杆、诊断杠杆和交互杠杆等管理控制框架中的四个杠杆理论，以应对企业商业环境和经营战略的不确定性。他阐明了管理者利用这四个杠杆来调节组织设计和管理控制的方式，以实现协调一致，并强调交互控制是最佳模式，可用以应对不确定的商业环境，鼓励战略创新变革，加强组织内部沟通并强化过程学习。罗伯特·安东尼（Robert Anthony）认为，根据总部对下级部门战略计划程序的影响程度与总部集权程度的差异，企业的组织结构可划分为战略规划型、战略控制型和财务控制型三种模式。学习这些理论原则可以发现，业财融合在不同企业中的具体方式和工作重点应因企业而异。管理会计工具必须保持多样性和灵活性，管理会计必须引领企业管理创新和学习变革。

基于业财融合的管理会计系统还需要将内部无缝沟通、组织结构扁平、内部信任浓厚、信息传递无障碍等企业文化纳入其中。确保企业内部的各种信息充分透明，尽量让更多的管理者或员工不仅成为管理和业务信息的使用者，还成为信息的提供者。无边界的组织内部和无上下级的管理层级是业财融合的核心，实现这一核心的关键在于重构企业文化。这也体现了管理控制理论中对降低预算、考评等正式控制的比重，并增加共同价值观、文化传递、沟通讨论、组织信任、融洽关系、精神激励等非正式控制的要求。

（六）业财融合必须引入大数据、云计算、商业智能等革新性信息技术，以更新管理会计系统

随着信息技术的不断革新发展，企业需要定义一个独特的大数据分析架构和路线图，以支持现代组织和经营战略的复杂性。米歇尔·钱伯斯（Michele Chambers）和托马斯·迪斯莫尔（Thomas Dismore）提出了八项核心分析原则，包括构建并持续改进大数据分析以实现高价值业务影响力，关注最后一英里，持续改进，加速提高学习能力与执行力，差异化分析，嵌入分析，基于简明性和开放的标准建立多维度的分析架构，以及构建交互平台。

业财融合可以为企业提供一个独特的分析路线图，描绘其经营战略的新推动力。它使企业能够更加敏锐地把握住商业竞争中的变化和机遇，通过更新的管理会计系统内容和功能，提升商业模式效能，精确制定业务竞争策略。

因此，业财融合必须引入大数据、云计算、商业智能等革新性信息技术，以更新管理会计系统的内容和功能，通过大数据分析提高业务影响力，将分析模式和算法嵌入企业的价值链全流程，构建可拓展的大数据平台，并建立交互平台，促进多方合作和实时沟通。

三、非营利组织业财融合的必要性

非营利组织在满足社会需求，推动社会进步方面发挥着重要作用。然而，其业务运行和其财务管理往往存在一定的迟滞性。这限制了非营利组织的效率和效果，也使业财融合变得尤为重要。业财融合可以帮助非营利组织更好地规划和管理资源，提高决策效率，降低风险，并提高组织透明度，增强公众信任。

首先，业财融合有助于非营利组织更有效地规划和分配资源。通过对业务和财务数据进行整合分析，非营利组织可以更准确地了解各项业务的成本和收益，从而做出更合理的预算和资源分配决策。

其次，业财融合可以提高决策效率。在传统的非营利组织管理中，业务决策和财务决策往往是分开的，这不仅增加了决策的时间成本，还可能导致决策的不一致。业财融合通过整合业务和财务信息，使决策者可以在同一平台上进行决策，提高了决策的效率和一致性。

再次，业财融合可以降低非营利组织的风险。通过对业务和财务数据的实时监控和分析，非营利组织可以及时发现并处理可能的风险，如财务风险、业务风险、合规风险等。

最后，业财融合可以提高非营利组织的透明度，增强公众的信任。公众对非营利组织的信任，是非营利组织得以持续运行的重要基础。业财融合使非营利组织的财务信息更加透明，使公众可以更清晰地了解非营利组织的运营状态和成果，从而增强公众的信任。

四、非营利组织业财融合的实施策略

实施业财融合是一个复杂的过程，需要考虑各种不同的因素和要素。非营利组织业财融合实施策略，如图 3-4 所示。

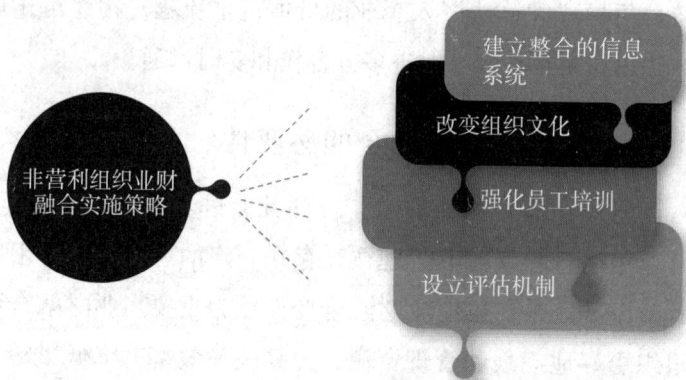

图 3-4　非营利组织业财融合的实施策略

（一）建立整合的信息系统

非营利组织需要一个可以整合业务和财务数据的信息系统。这个系统需要具备数据收集、存储、分析和报告的功能，以支持组织的决策制定。这个信息系统应包括两个主要部分：业务管理系统和财务管理系统。业务管理系统负责收集和管理业务数据，包括服务对象、服务内容、服务结果等。财务管理系统负责收集和管理财务数据，包括收入、支出、资产、负债等。

这个信息系统不仅需要具备数据处理的功能，还需要具备数据分析的功能。这是因为，只有分析数据，才能将数据转化为可用的信息，以支持决策制定。这个信息系统还需要具备数据报告的功能，以便将信息以清晰、直观的形式呈现给决策者。此外，这个信息系统还需要具备数据安全和隐私保护的功能，以保护组织和个人的数据不被滥用或泄露。建立这样一个信息系统需要投入大量的时间、精力和资金，但这是实施业财融合的基础。没有这样一个信息系统，业务和财务数据就无法有效地整合，业财融合也就无法实现。

（二）改变组织文化

实施业财融合不仅需要技术的支持，也需要组织文化的支持。这是因为，业财融合涉及组织的各个层面，包括组织的结构、流程、角色、价值观等。这些都是组织文化的一部分。

为了推动业财融合，非营利组织需要在组织文化方面作出一些改变。首先，管理者需要在组织中建立一种对业财融合的积极态度。这可以通过宣传业财融合的好处，培训员工使用新的信息系统，鼓励员工提出改善建议等方式实现。其次，管理者需要在组织中建立一种对数据的尊重和信任氛围。这可以通过制定数据管理策略，设立数据质量控制机制，定期对数据进行审计等方式实现。最后，管理者需要在组织中建立一种对变革的开放态度。这可以通过设立变革管理机制，提供变革支持服务，定期评估变革效果等方式实现。

（三）强化员工培训

实施业财融合需要员工具备相应的知识和技能。这包括数据管理知识、信息系统操作技能、数据分析技能、决策制定技能等。为了让员工具备这些知识和技能，非营利组织需要进行持续的员工培训。

员工培训可以采取多种形式，包括课堂讲座、在线学习、实践操作、辅导指导等。在进行员工培训时，组织者需要注意培训的针对性和实用性。针对性是指根据员工的职务和职责，选择适合他们的培训内容和形式。实用性是指培训内容要与员工的工作实际相结合，让员工能够在工作中应用所学的知识和技能。

（四）设立评估机制

实施业财融合是一个持续的过程，需要定期进行评估和调整。非营利组织需要设立一个评估机制，以便对业财融合的进度和效果进行监控和评估。

这个评估机制需要包括两个主要部分：进度监控和效果评估。进度监控指定期检查业财融合的实施进度，包括信息系统的建设进度、员工培训的完成情况、组织文化的改变程度等。效果评估指对特定业务或项目在一定期限内进行评估和分析，以确定其是否达到了预期的结果和目标。组织者可以通过设立评估机制，实现业财融合。

五、非营利组织业财融合的挑战与解决方案

业财融合虽然对非营利组织具有重要意义，但在实施这一理念的过程中非营利组织也会遇到许多挑战。非营利组织在实施业财融合过程中可能遇到的挑战以及相应的解决方案，如图 3-5 所示。

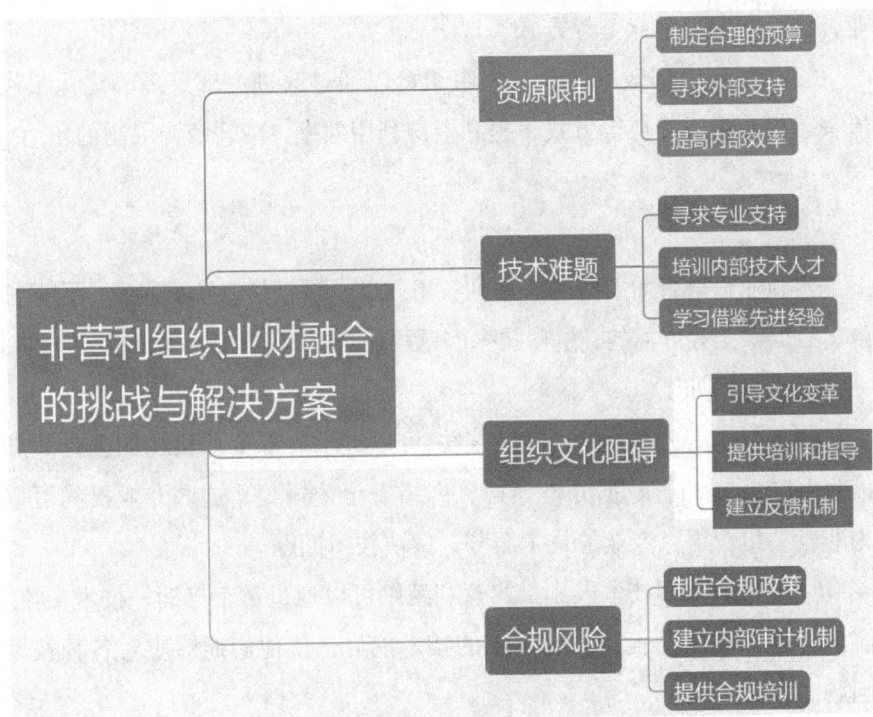

图 3-5 非营利组织业财融合的挑战和解决方案

（一）资源限制

非营利组织往往会面临资源有限的问题，涉及资源包括财务资源、人力资源、技术资源等。这些资源限制可能会影响业财融合的实施进度和效果。

解决方案如下：

（1）制定合理的预算。非营利组织在实施业财融合时需要合理分配有限的资源，确保各项工作得到有效支持。预算制定应考虑组织的财务状况、业务需求和发展目标，以达到资源利用的最大化。

（2）寻求外部支持。非营利组织可以寻求政府、企业、社会团体等外部机构的支持，以弥补资源不足。这可以通过申请政府补助、寻求企业合作、发起公益众筹等方式实现。

（3）提高内部效率。非营利组织可以通过改进内部管理、优化工作流程、提高员工素质等方式，提高资源利用效率，减轻资源限制的压力。

（二）技术难题

实施业财融合需要解决一系列技术问题，包括信息系统建设、数据整合、数据安全等方面的。这些技术问题可能会影响业财融合的顺利实施。

解决方案如下：

（1）寻求专业支持。非营利组织可以寻求外部专业机构的支持，如信息系统开发商、数据分析公司、网络安全公司等。这些专业机构可以为非营利组织提供专业的技术服务，解决技术问题。

（2）培训内部技术人才。非营利组织可以通过员工培训、技术交流、实践操作等方式，提高内部员工的技术能力，使他们能够应对各种技术问题。

（3）学习借鉴先进经验。非营利组织可以学习借鉴其他成功实施业财融合的组织的经验，了解他们是如何解决技术问题的。

（三）组织文化阻碍

组织文化对非营利组织的运营和发展具有深远影响。如果组织文化不支持业财融合，可能会导致员工产生抵触，情绪阻碍业财融合的实施。

解决方案如下：

（1）引导文化变革。非营利组织的领导者需要发挥关键作用，引导组织文化的变革，确立支持业财融合的价值观和行为准则。这可能包括提升数据意识、鼓励开放沟通、推动持续学习等。

（2）提供培训和指导。非营利组织可以提供培训和指导，帮助员工理解和接受业财融合，消除员工的抵触情绪。培训和指导内容可以包括业财融合的意义、实施步骤、使用方法等。

（3）建立反馈机制。非营利组织可以建立反馈机制，鼓励员工提出对业财融合的看法和建议，及时解决员工的问题和疑虑，增强员工的认同感和参与感。

（四）合规风险

非营利组织在实施业财融合时，可能会面临包括数据安全和隐私保护、财务管理规定、业务操作规则等方面的合规风险。

解决方案如下：

（1）制定合规制度。非营利组织需要制定一套完整的合规制度，指导业财融合的实施，确保各项活动符合相关法律法规和规章制度。

（2）建立内部审计机制。非营利组织可以建立内部审计机制，定期检查业财融合的合规性，及时发现、处理合规问题。

（3）提供合规培训。非营利组织可以提供合规培训，提高员工的合规意识和操作能力，避免无意违规所导致的风险。

六、非营利组织业财融合的效果评估

业财融合对非营利组织的价值表现在多个方面，包括组织效率的提升、决策质量的改善、资源利用的优化等。因此，评估业财融合的效果是非常重要的。以下是非营利组织可以采取的效果评估方法。

首先，制定评估指标。评估指标是评估效果的重要工具。非营利组织在制定评估指标时，需要考虑到业财融合的多个方面，包括业务成果、财务状况、组织运营等。一些可以用到的评估指标，如表3-1所示。

表3-1　非营利组织业财融合效果评估指标

评估指标	具体内容
业务成果	服务数量、服务质量、服务满意度等
财务状况	收入、支出、资产、负债等
组织运营	员工效率、业务流程、内部控制等

这些评估指标所涉及的项目需要定期收集相应数据，进行分析和对比，以评估业财融合的效果。

其次，进行定期评估。非营利组织需要定期进行业财融合的效果评估，以便及时了解业财融合的进展和结果，做出相应的决策和调整。定期评估可以采取多种形式，包括内部审计、外部审计、员工反馈、客户反馈等。

在进行定期评估时，需要注意以下几点。

（1）保持客观公正。评估人员需要对业财融合的效果进行客观公正的评估，避免因个人情感、偏见、利益等因素影响评估结果。

（2）确保数据准确性。评估人员需要确保评估数据的准确性，避免因数据错误、误导、遗漏等因素影响评估结果。

（3）注意反馈处理。评估人员需要对评估结果进行反馈处理，包括反馈给相关人员、讨论改进措施、执行改进计划等。

最后，利用评估结果。非营利组织需要利用业财融合的效果评估结果，进行决策制定和改进工作。例如，如果评估结果显示某个业务成果指标较低，就可能需要调整业务策略或优化业务流程。如果评估结果显示某个财务状况指标较差，就可能需要调整财务管理或优化资源配置。

在利用评估结果时，需要注意以下几点。

（1）确保决策的科学性。决策制定需要基于评估结果，遵循科学的决策方法，避免因为决策错误、冲动、盲目等因素导致不良后果。

（2）注意改进的连续性。改进工作需要基于评估结果，进行持续的改进，避免因为改进工作的停滞或不被重视等因素导致效果下降。

（3）保持反馈的及时性。对评估结果的反馈需要及时进行，避免因为反馈延迟、被忽视等因素导致问题累积、效果下降。

第三节　非营利组织成本管理

一、非营利组织成本会计的理论基础

（一）成本的本质与非营利组织成本的界定

何谓成本的本质，无论是在经济学、管理学，还是在会计学中，都是一个核心的问题。基本上，成本被理解为在生产过程中所消耗的资源的价值。

经济学中的成本：在经济学中，成本被定义为生产商品或提供服务所消耗的生产要素的价值。这不仅包括显性成本，也就是直接支付的费用，如工资、材料费用等，还包括隐性成本，也就是因为选择了一种行为而被放弃的其他选择的潜在收益。这种观点强调了决策中的机会成本。

管理学中的成本：在管理学中，成本被视为组织运营的代价，是一种控制管理的手段。这种观点强调成本控制和最优化使用，其目标是在既定的效益下使消耗最小，或者在一定的消耗下使获得的效益最大。

会计学中的成本：在会计学中，成本被定义为生产产品或服务所需要支付的可计量的代价，以货币形式表现出来。这种观点着重于成本的实际测量和记录。

在非营利组织中，成本的概念同时借鉴了经济学、管理学和会计学的观点。非营利组织的成本指特定的主体在目标指引下为完成特定的产出而发生的投入量（或耗费）。虽然非营利组织的主要目标不是追求利润，但是它们仍然需要有效地管理和控制成本，以确保资源的最优化使用，助力社会使命的实现。

非营利组织的成本管理有其独特性，它需要考虑到组织的多元化目标和多样化的运营方式。同时，非营利组织的成本计量可能会有货币计量和其他非货币计量方式，如在时间、精力等方面做更多的延展。在这个过程中，需要特别考虑非营利组织产出的特殊性。总起来说，非营利组织的成本管理需要综合考虑经济效益和社会效益，要将其结合起来，以实现组织的长期可持续发展。

（二）非营利组织的目标与成本

非营利组织的目标与成本是密切相关的。它们的目标多元化特点决定了其资源配置领域和优先顺序上的多元化，以及其成本的多元化。为了有效地运营非营利组织，管理者需要清晰地了解组织的目标和成本，做出明智的决策。

（1）非营利组织的目标。非营利组织的目标，主要取决于组织的使命和服务范围。例如，一所高等学校可能有多个目标，包括培养具备专业能力的学生、进行科研创新、服务社会，以及引领社会发展等。这些目标需要配置不同类型和数量的资源才能实现，并且需要人们通过不同的评价标准衡量其实现程度。非营利组织的目标多元化特点，使其资源配置的领域和优先顺序也逐渐多元化。

（2）非营利组织的成本。非营利组织需要持续争取财务盈余，以便有足够的资源来扩大其服务范围，提高其服务质量以完成其使命。为了实现其多元化的目标，非营利组织必须进行资源配置，这涉及成本的计算和分析。组织的目标决定了组织的行为，而行为决定了组织的事项，事项又决定了耗费或投入的分配。因此，为了确定每个事项的成本，需要将耗费或投入归集并分配到各个事项中去，然后对比这些成本与事项的产出，以分析组织行为的经济性和效率性。在这个过程中，非营利组织的成本计量和分析就成了非常重要的一环。总之，非营利组织的成本是多元化的，需要对会计事项进行多重分类，以全面确定成本计量对象。

（三）非营利组织绩效评价与成本

非营利组织的绩效评价：虽然非营利组织不以营利为目的，但它们需要进行绩效评价以确定资源是否被有效使用，是否实现了组织的使命，并便于向公众展示其绩效。绩效评价提供了关于项目和组织绩效的客观信息，有助于加强管理，提供决策依据，达成目标，改进整体绩效，并能增加工作人员的责任感。绩效评价的通用性维度包括经济性（economy）、效率性（efficiency）、效益性（effectiveness）和公平性（equity），此四维度也被称为绩效评价的 4E 原则。绩效评价的基础信息包括投入、产出、结果、效益、回应性，以及目标达成等六个方面。

非营利组织的成本：非营利组织为实现其目标，需要投入各种资源，包括财务、设备、人力资源，甚至情感和时间。这些投入构成了组织的成本，成本是对组织进行经济性和效益性评价的基础。非营利组织需要明确其产出，以产出为成本归集对象来构建成本核算体系，同时衡量产出的价值，这样才能形成绩效评价的基础性信息。

这两个概念之间存在这样一种关系，通过对投入（即成本）和产出的度量和比较，可以评价非营利组织的绩效。这里的成本不仅包括可量化的信息，如财务、设备和人力资源，还包括难以量化的信息，如时间和情感。然而，即使有些信息难以量化，也可以通过一些度量方式，如统计计量或比较计量，来进行比较。

这种绩效评价和成本度量方法有助于人们制定统一的成本计量标准，使不同组织的成本信息具有可比性，这对控制组织的成本并进行不同组织间的绩效比较是非常有利的。此外，这也有利于各方了解社会公益资源的配置和使用情况，从而增强非营利组织的透明度和公信力。

二、非营利组织的成本特点

非营利组织的成本特点反映了它们与商业企业的区别，如注重长期性、社会效益导向、捐赠依赖性和责任性等。这些特点在非营利组织的成本管理和资源分配中有重要影响，确保组织能够有效地实现其公益使命。非营利组织的成本特点如图 3-6 所示。

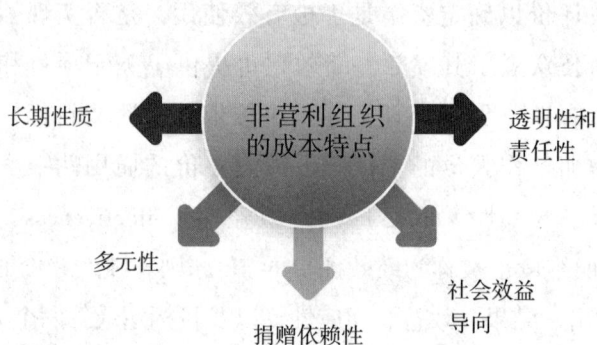

图 3-6　非营利组织的成本特点

（一）长期性质

非营利组织的使命通常与长期的社会价值和改善相关联，而非短期盈利。这意味着它们的成本计划和预算是基于长期规划和目标而设定的。非营利组织会考虑如何在较长时间内实现其使命，并为此规划和分配资源。例如，一个环保组织可能会在长期的环境保护项目、宣传活动、法律诉讼等方面投入成本，以实现环境可持续发展的目标。

（二）多元性

非营利组织的成本不仅涉及日常运营的费用，还包括许多其他方面的支出。这些方面包括人力资源管理（员工薪酬、福利和培训）、行政管理（租金、设备、办公用品）、项目实施（项目开发、实施和监控）、宣传推广（宣传材料、活动组织）等等。这些多样化的成本涉及非营利组织的各个方面，确保组织能够有效地运作、推进项目和实现目标。

（三）捐赠依赖性

非营利组织通常依赖社会的捐赠和赞助来开展活动，以实现自身使命。与商业企业不同，非营利组织无法只通过销售产品或提供服务来获得足够的收入。这意味着非营利组织的成本管理和资源分配需要更加谨慎和精确。组织必须确保有效地管理捐赠和赞助的资金，确保这些资金被合理地用于实现组织的使命和目标。这可能涉及制定预算、监督支出、开展财务报告和审计等措施，以确保资金使用的透明度，并维持捐赠者等利益相关者对非营利组织的信任。

（四）社会效益导向

非营利组织的成本主要被用于创造社会效益和公益价值，而非为个人利益服务。这意味着非营利组织的成本评估和分配不仅要考虑经济效益，还要考虑社会效益。非营利组织在做出决策时会考虑项目或活动对社会的影响，以及为社区或特定受益人的生活带来的改善。这可能涉及权衡不同项目的成本效益、评估项目的社会影响和结果等。同时，非营利组织需要对成本的使用和效果进行监测和评估，以确保能达到预期的社会效益。

（五）透明性和责任性

由于非营利组织的资源主要来自社会的捐赠和支持，公众对非营利组织的成本使用和管理有着更高的透明性和责任性要求。组织需要确保捐赠者和利益相关者对资金的使用有清晰的了解，并能够提供详细的成本报告和财务信息。增强财务信息透明性不仅可以增进各方对组织的信任，还可以帮助捐赠者了解自己的捐赠是如何用于达成组织的使命和目标的。非营利组织还需要遵守相关的财务和会计准则，进行财务审计，并确保成本管理符合道德和法律要求。

三、非营利组织的成本管理策略

非营利组织的成本管理策略，能够帮助组织树立战略成本管理意识，建立健全的内部管理制度，重塑服务流程，建立合作联盟机制，并完善信息披露制度。这样，非营利组织能够更加高效地管理成本，优化资源利用策略，实现长期发展并更好地履行责任。

（一）树立战略成本管理意识

战略成本管理意识对非营利组织至关重要。非营利组织的成本管理不能仅仅停留在简单的缩减开支和节约费用的层面上。相反，它应该是一个与组织的使命和长期发展规划紧密相关的问题。在这方面，非营利组织的员工扮演着重要的角色。他们需要把成本管理视为一个整体性的问题，并将其纳入日常工作的范畴中。每个成员都应该增强对成本的敏感度，将自身的活动纳入成本管理的范围之内，共同努力降低成本、提高效益。此外，成本管理也不应仅限于薪酬控制，而还可以涵盖项目设计、预算控制、营销、服务活动实施、人力资源到绩效评估等多个运营环节的成本控制措施。

（二）健全内部管理制度

为了确保成本管理的有效性，非营利组织需要建立健全的内部管理制度。这些制度将提供保障，确保成本控制任务的执行和落实。首先，信托董事会或理事会在这方面扮演着重要角色。通过谨慎地履行其托管职责，这些董事会能够确保组织的长期发展规划和基本政策的制定与审查工作可以顺利开展。其次，针对组织自身的规模和要求，非营利组织应建立与每个员工的具体工作相关的，以成本核算与控制为基本内容的岗位责任制度。这将确保每个员工都对自己的工作成本负责，并明确其在成本控制中的角色。再次，还应建立健全预算编制与执行制度，以确保组织财务管理的规范运作，避免非营利组织领导人对组织资金的违规使用。约束激励机制也应与成本管理相关联，以保证组织成员在成本控制方面的主动性和延续性。最后，严格的财务管理制度、职责明确的财务组织结构以及定期的外部审计，可以确保组织财务记录的规范性和完整性。

（三）重塑组织服务流程

在成本管理方面，非营利组织应将重点放在服务项目的支出成本控制上，通过重新打造服务流程，削减不必要的中间流程和环节，实现降低成本和提高效率的目标。成本控制的视野不应仅限于服务的直接提供阶段，而应延伸到识别公益服务需求和设计公益服务项目阶段。通过在项目设计阶段考虑成本，非营利组织可以避免不必要的浪费，实现成本的事前预防控制。这要求非营利组织在识别需求、制订项目计划、制定预算和资源分配时，进行全面的成本考虑。

（四）建立合作联盟机制

合作联盟对非营利组织来说是一种重要的合作方式。通过与其他组织建立合作联盟，非营利组织之间可以实现资源的互补和整合，降低运营成本，扩大服务范围，并增强社会影响力。合作联盟可以有各种形式，如共同组织活动、共享资源、协同工作等。通过组建合作联盟，非营利组织可以分享成本，减少重复投资，提高资源利用效率。此外，合作联盟还可以帮助非营利组织争取更多的政府扶持和社会认同，进一步促进组织的可持续发展。

（五）完善时务信息披露制度

非营利组织应该建立完善的时务信息披露制度，向社会公众披露组织的财务信息和运营情况。这样做的目的是保障公众对非营利组织的知情权和监督权，督促组织审慎地进行财务控制，避免资源的浪费和贪污现象的发生。这一制度包括规范化的财务报告制度、审计以及公开财务信息的机制等内容。非营利组织应该向社会公众、捐赠机构、管理部门和会员公开组织的资产组成、负债水平、资金使用等财务信息，并接受社会各界的综合监督。这样的信息披露制度能够增强公众对非营利组织的信任度，提高组织的透明度，促进社会公众对组织活动的积极参与和支持。

四、非营利组织的成本控制措施

非营利组织的成本控制是确保组织有效管理和利用资源，实现自身使命和目标的关键因素之一。通过实施适当的成本控制措施，非营利组织可以优化资源配置，提高效率，降低开支，并确保组织的可持续发展，如图 3-7 所示。

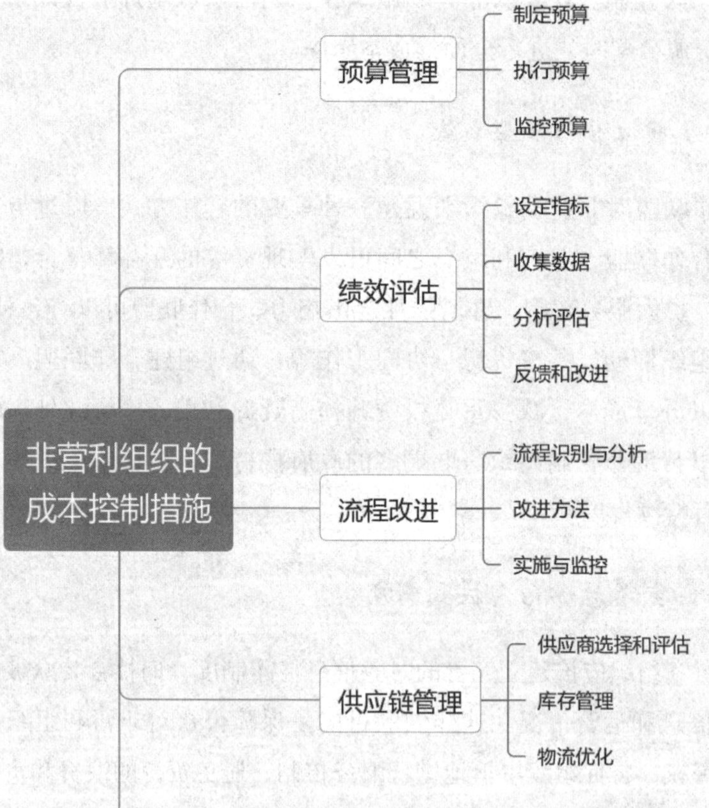

图 3-7 非营利组织的成本控制措施

（一）预算管理

预算管理是非营利组织实现成本控制的核心手段之一。它包括制定、执行和监控预算等内容，可以确保资源的合理分配和使用。具体而言，预算管理包括以下几个方面。

1. 制定预算

非营利组织应制定详细的预算计划，并且此类预算计划应涵盖各个项目和活动的开支。预算应基于组织的战略目标和使命，并与长期规划相一致。制定预算时，应考虑不同项目的优先级、资源需求状况和可行性，确保预算合理、可行并符合组织的财务能力。

2. 执行预算

一旦预算制定完成，非营利组织就需要确保预算能得到有效执行。这包括建立预算执行的责任制和流程，监控开支情况，及时处理预算超支问题和调整预算分配。此外，还需要建立适当的审批机制和内部控制措施，以确保预算的执行符合预算计划和组织的政策。

3. 监控预算

定期监控和评估预算的执行情况是预算管理的重要环节。非营利组织应建立预算执行的监测机制，及时收集、比较和分析实际开支与预算的差异。通过监控预算执行情况，非营利组织可以及时发现问题，采取相应的纠正措施，并提高资源利用的效率。

（二）绩效评估

绩效评估是非营利组织进行成本控制的关键环节之一。它通过对组织的各项活动和项目进行定量和定性的评估，衡量其达成预期结果的能力。绩效评估包括以下方面。

1. 设定指标

在绩效评估过程中，非营利组织应设定明确的指标和目标，以衡量活动和项目的绩效。这些指标可以包括财务指标（如成本收入比、捐赠比例）、社会影响指标（如服务覆盖率、受益人满意度）和运营效率指标（如人员成本比、资源利用率）等。

2. 收集数据

为了进行绩效评估，非营利组织需要收集相关的数据和信息。这些信息的来源包括财务报表、项目报告、调查问卷等。收集的数据应具有准确性、可靠性和可比性，以支持组织对绩效的客观评估。

3. 分析评估

通过对收集的数据进行分析和评估，非营利组织可以评估其活动和项目的绩效。分析可以采用各种方法，如趋势分析、比较分析、回归分析等，以确定绩效差距并发现可改进之处。此外，还可以采用财务比率分析、成本效益分析等工具，对成本和效益进行综合评估。

4. 反馈和改进

绩效评估的结果应及时反馈给相关的管理人员和工作人员，并督促其采取相应的行动。这些行动包括改进活动的执行方式、优化资源配置、调整目标设定等。通过持续的绩效评估和改进，非营利组织可以不断提高自身绩效和成本控制的效果。

（三）流程改进

流程改进是非营利组织成本控制的重要手段之一。它通过分析和优化组织的工作流程和运营过程，寻找并消除导致效率低下和浪费的因素。具体措施包括以下内容。

1. 流程识别与分析

非营利组织的负责人应能识别并理解关键的工作流程和运营过程，并进行详细的分析。这部分工作可以通过流程图、价值流图、时间研究等方式开展。通过分析流程，工作人员可以发现瓶颈所在，如冗余、重复和不必要的环节等，为改进工作流程提供基础。

2. 流程改进方法

在改进流程的过程中，非营利组织可以采用各种方法，如精益生产、采用六西格玛管理法、进行业务流程重组等。这些方法旨在优化流程、提高效率和减少成本。改进的重点可以包括减少等待时间、简化决策流程、优化资源利用等。

3. 实施与监控

改进方案的实施是流程改进的关键环节。非营利组织应制定具体的改进计划，并确保其被有效实施。同时，组织内应建立监控机制，定期评估改进措施的效果，并根据反馈进行调整和改进。

（四）供应链管理

供应链管理是非营利组织成本控制所涉及的重要领域之一。通过优化供应链，非营利组织可以降低采购成本、提高供应的可靠性和效率。以下是供应链管理关键措施的具体内容。

1. 供应商选择和评估

非营利组织应建立供应商选择和评估的制度和标准。在选择供应商时，非营利组织应综合考虑价格、质量、可靠性、服务质量等因素，定期评估供应商的绩效，并与其进行有效的沟通和合作，以确保供应链的稳定和效率。

2. 库存管理

非营利组织应通过合理的库存管理，避免库存积压和过度采购。通过有效的需求预测和库存控制，非营利组织可以减少库存成本和损耗，并提高资金的周转效率。

3. 物流优化

非营利组织应优化物流流程，以减少运输成本和时间。这包括选择合适的运输方式、优化配送路线、协调运输计划等。同时，非营利组织可以考虑与其他非营利组织或商业组织进行合作，共享分摊物流资源和成本。

（五）技术创新

技术创新是非营利组织实现成本控制的重要路径之一。通过采用新技术和建立信息系统的方式，非营利组织可以提高工作效率、降低成本，并改善组织的业务流程。以下是技术创新的具体内容。

1. 自动化和数字化

非营利组织可以借助自动化和数字化技术，实现工作流程的自动化和信息的数字化。例如，非营利组织可以采用电子文档管理系统、在线协作平台、自动化财务系统等，减少人工操作和纸质文档的使用，提高工作效率和成本效益。

2. 数据分析和决策支持

非营利组织可以利用数据分析和决策支持系统，从大量的数据中提取有价值的信息，并辅助决策。通过数据分析，非营利组织可以发现成本控制的潜在机会和风险，并采取相应的措施。

3. 创新应用和数字化服务

非营利组织可以通过创新应用和数字化服务，提供更高效和便捷的服务。例如，非营利组织可以开展在线教育、远程医疗、数字化捐赠等活动，降低服务成本，提高服务范围和质量。

第四节　非营利组织绩效管理

一、组织绩效的基本理论

（一）组织绩效的定义

组织绩效是一个复杂的概念，需要基于理论模型进行抽象推演。组织绩效的内涵因组织的类型、目的、运营方式以及评估者的兴趣和价值观念的不同而有所不同。这意味着组织绩效的定义并非固定不变的，而是可以根据上述因素进行调整和解释的。

组织绩效是一个多元的、相互关联的变量集合，这些变量代表了组织在达成目标、履行功能以及运营业务方面的能力和效果。组织绩效的构成需要通过理论模型进行建构，理论模型帮助确定哪些变量值得衡量，并揭示这些变量之间的相关性和相互联系。但这只是对组织绩效定义方式的其中一种。

（二）组织绩效管理的重要性

绩效管理不仅仅是衡量组织经营绩效的有效途径，更是提升组织效率、改进决策和资源分配、实现组织目标的关键工具。它对营利组织和非营利组织都有重要意义，能帮助组织在竞争激烈的市场环境中取得成功，并为组织的长远发展提供方向和基础。

1.衡量经营绩效

绩效管理提供了衡量组织经营绩效的主要指标和直接指标，如利润率、成长率和市场占有率等。这些指标能够反映组织在市场经济中的竞争力和效率，对营利组织来说，利润是衡量经营是否成功的关键指标。

2.提高效率，满足顾客需求

通过绩效管理，组织可以对效率和顾客需求进行持续关注，这样可以激发组织对效率和顾客需求的重视，从而推动组织不断提高产品或服务的质量和竞争力。

3.强调非营利组织的绩效管理

非营利组织缺少可量化的利润概念或工具，而正因如此，它们更应该重视绩效管理。如果忽视绩效管理，不仅可能导致非营利组织效率低下，还可能使其使命在发展过程中变得徒有其表。

4.有效的工具和决策核心

绩效指标和评估是一个有效的工具，可以帮助管理层思考组织的发展目标和长远愿景，并不断寻找改进机会。绩效管理是助力非营利组织长期生存和发展并获得社会认可的关键工作，应该成为决策的核心要素之一。

5.绩效评估和整体管理

在实际工作中，绩效管理的实施应该配合相应的组织分权的方式和参与程度。组织整体的绩效评估是各个项目活动和绩效管理的源头，如果不重视整体绩效评估，其他细节方面的绩效考核或评估将变成无源之水，绩效管理也就无法被有效运用。

二、非营利组织绩效评价指标的构建

如今，非营利组织在全球范围内的影响力不断增强，在社会福利和公共服务方面的作用也日益凸显。然而，由于非营利组织的特殊性，即其目标不仅仅是追求经济效益，还有追求社会效益，因此对其绩效的评估必须超越传统的财务指标方式，而采用更为全面和深入的评估方法。

第一，使命的达成度与社会接受度是评估非营利组织绩效的重要指标。非营利组织的使命通常是满足某种公众需求或解决某种社会问题。因此组织的使命是否得到了服务对象和社会的广泛接受，是评估其绩效的首要指标。这需要从服务对象的满意度和评价、社会的认同度等多个角度进行综合评估。

第二，效率是非营利组织绩效评价的重要维度。这涉及组织能在多大程度上有效利用包括财务资源、人力资源和物力资源等各项资源。评估这一维度的指标包括成本控制和运营效率、产出和投入的比率等。此外，组织内部的工作流程和规章制度的合理性和完善程度也是衡量其效率的重要因素。

第三，投入程度也是非营利组织绩效评价的关键指标。一个成功的非营利组织需要持续且充沛的资源投入，包括财力资源和人力资源。捐赠者是否愿意持续不断地进行捐款，职工和志愿者是否能够充满激情地投入工作，这些都是评估投入程度的重要依据。

第四，满意度是非营利组织绩效评价的另一个重要维度。这涉及组织的各个利益相关者，包括服务对象、职工、志愿者和捐赠者等，对组织的满意度。只有当这些利益相关者对组织高度满意，组织的向心力和凝聚力才能得到提升，非营利组织才能更好地完成使命。

第五，平衡度是评估非营利组织绩效的重要指标之一。这涉及组织的资源和人员配置是否达到了一定程度上的平衡。从战略性的视角出发能够更好地理解和评估这一维度，具体来说，可以从战略目标的设定、资源的配置和战略执行的效果等方面入手。

另外，转换度是非营利组织绩效评价的一个新的维度。这涉及服务对象、人力资源和物力资源三者之间的相互转换，包括角色的转换、资源的转换和知识的转换等。从这一维度进行评估可以理解非营利组织的内部动态变化，提升其绩效。

三、非营利组织绩效的评估

在资源稀缺的现实中，非营利组织需要通过有效的绩效评估优化资源的配置和利用，从而实现社会效益的最大化。非营利组织的绩效评估是一个综合的管理过程，涉及组织、群体和个人的目标设定、标准设定和能力要求等多个环节。对组织绩效的评估，不仅可以提升各方对组织情况的了解程度，还可以根据评估结果，调整组织的经营策略和资源的分配方向。因此，绩效评估被视为组织绩效管理的重要环节，它提供了关于项目和组织绩效的客观信息，为管理决策提供依据。

在绩效评估中，单一标准的评估方法曾经被广泛使用，这种方法主要依赖某个客观的标准，如生产效率或净利润等，衡量组织的绩效。然而，单一标准的评估方法存在一定的局限性，因为它往往不能全面和准确地反映组织的各个方面。因此，单一标准的绩效评估方法已经基本被淘汰。相比之下，多项标准的绩效评估方法具有更大的优势，这种方法采用一系列的指标进行绩效评估，可以避免个人的主观偏差，并能深入研究变量间的关系。对于不同功能的组织，要根据其特点进行评估，并且在评估组织绩效时需要同时考虑过程和结果。

除了上述评估方法，绩效评估还可以根据评估主体的不同，划分为主观和客观的评估方法。主观评估方法可以用于缺乏适当客观数据的情况，而客观评估方法在有可用数据时应作为首选。

绩效评估在非营利组织绩效管理中起着至关重要的作用。它不仅有助于非营利组织了解自身的经营环境，还可以帮助组织提升营运能力和获利水平。但是，评估方法的选择应根据组织的具体需要而进行，也要避免因评估方式过多导致管理的重点模糊或者失去目标管理的意义等问题。通过精准有效的绩效评估，非营利组织可以更好地实现社会使命，提升社会效益。

四、非营利组织绩效管理

非营利组织的绩效管理方法与营利组织的绩效管理方法存在显著差异。这是因为非营利组织的绩效目标在很大程度上与其活动性质、指标以及服务对象的反馈密切相关。非营利组织绩效的衡量旨在实现以下目标：高效利用有限资源，提高工作绩效，向资金提供者提供关于组织绩效的信息，以争取更多的资金、发展并改善绩效，从而保证组织的生存。

非营利组织的绩效管理方法包括目标管理、结果管理和关键事件记录。这些方法旨在确保考核评定的公正，并鼓励员工在工作中取得良好的成绩。

1. 目标管理

目标管理是在年度开始时，非营利组织的主管与员工一起制订员工的个人工作目标和任务内容这一措施。在执行过程中，员工自行管理进度并改善工作方法，主管协助员工解决问题。年度结束时，主管根据预定的目标和员工共同确定考核标准，并将考核结果作为下个年度个人目标管理的主要依据。

2.结果管理

结果管理与目标管理类似，但更强调将具体的工作成果作为年终考核的标准。这种方法使个人能够根据其工作内容灵活管理，并在一定程度上避免不必要的考核争议。

3.关键事件记录

这种管理方法可以用来补充目标管理或结果管理的缺陷，帮助相关人员在组织中进行考核评定时做到公正无私。工作的实际结果是很难以抽象的目标或固定的工作成果作为考核依据的，而关键事件记录法允许员工自己列举一年以来的重要贡献，特别是那些具体事件的成败和影响程度。此外，主管还可以将个别服务计划划分为若干阶段，并记录重要的事件作为考核依据的补充。

结合我国非营利组织的发展特点，可以将我国台湾学者司徒达贤提出的 CORPS 模式，作为非营利组织绩效管理的模式。该模式结合人力资源和财力资源状况，衡量特定的有组织的活动所创造的有价值的服务。

在 CORPS 模式中，有五个关键因素，分别是服务对象、业务运作、财力和物力资源、人力资源，以及服务。这些因素具有以下含义。

（1）C：服务的对象（clients）。每个非营利组织都有特定的服务对象，即接受其服务的目标群体。这些服务对象可以是特定的群体，如儿童、老年人等，也可以是广泛的社会大众。非营利组织通过理解和满足服务对象的需求，达成其使命和目标。

（2）O：业务运作（operations）。非营利组织的服务必须通过计划的实施来进行。业务运作涉及组织的内部运行和管理，包括制定战略、策划项目、分配资源、协调各部门和团队，以及评估和监控运行效果。只有通过有效的业务运作，非营利组织才能提供符合服务对象需求的各种服务方案。

（3）R：财力和物力资源（resources）。非营利组织只有具备相应的财力和物力资源，才能提供服务。这些资源可以来自社会大众的捐赠和赞助，也可以通过合作伙伴关系、政府拨款或其他渠道获取。财力和物力资源对非营利组织的生存和发展至关重要。

（4）P：人力资源（personnel）。这里的人力资源指非营利组织各项计划的执行者，包括受薪职工和志愿者。受薪职工是组织的正式员工，他们负责日常工作、运营管理和项目实施。志愿者是自愿参与的个人，他们出于对组织使命和理念的支持，贡献自己的时间和力量。合理配置和管理人力资源，使其能够发挥最佳作用，对非营利组织的运行而言至关重要。

（5）S：服务（services）。非营利组织的最终目的是提供有价值的服务，满足特定或广泛的社会群体的需求。服务是非营利组织的核心，体现了其使命和目标。通过提供高质量、可持续的服务，非营利组织能够对社会产生积极的影响，并实现自身价值。

除了以上五个因素外，CORPS 模式还强调决策核心的重要性。决策核心在非营利组织中扮演着组织整体运营的角色，与服务对象、业务运作、财力和物力资源、人力资源，以及服务等因素之间有着紧密的关系。一个完善的非营利组织应该能充分结合内外部的人力、财力和物力等资源，通过有组织、有目的的活动，为特定或不特定的社会群体提供有价值的服务。

在非营利组织中，绩效评估是实施绩效管理的前提条件。只有明确了如何评估绩效，才能为后续的绩效管理工作打下基础。因此，这里强调了绩效评估在非营利组织中的重要性。这进一步凸显了绩效评估在整个绩效管理过程中的关键作用。换句话说，没有组织内的绩效评估，就不会有绩效管理的实施。这一点在非营利组织中表现得尤为突出。

五、提升我国非营利组织绩效管理水平的对策

完成非营利组织社会使命的途径之一，是通过建立一整套科学的绩效管理体系进行绩效管理，提高组织的工作效率和工作人员的积极性，

进而实现组织的公益目标。然而，与营利性组织相比，非营利组织存在着一些自身的缺陷，如缺乏激励机制。这些因素增加了非营利组织的管理难度。对于提升我国非营利组织绩效管理水平问题，本节提出如下对策，如图 3-8 所示。

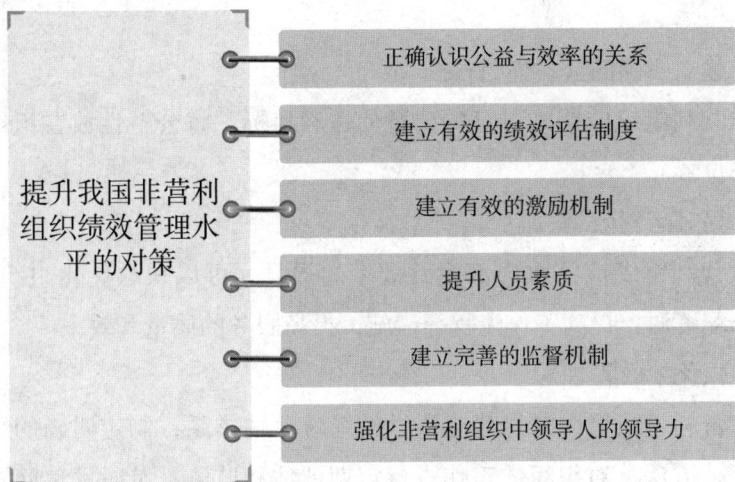

图 3-8　提升我国非营利组织绩效管理的对策

（一）正确认识公益与效率的关系

正确认识公益与效率的关系，对提升我国非营利组织的绩效管理水平具有重要意义。在非营利组织中，公益和效率是相辅相成、互为依托的关系。

非营利组织中的效率指的是弱势群体帮扶工作的及时性和有效性。非营利组织的核心使命是为弱势群体提供服务，因此在提升管理水平时，必须注重服务的效率。有效率的服务能够确保弱势群体得到及时的帮助和支持。

在公益与效率的关系上，公益是非营利组织的目标，而效率是实现公益目标的手段。非营利组织需要在追求公益目标的同时，注重效率的提升。公益性目标是非营利组织的使命所在，但目前我国的非营利组织在公益理念和使命感方面仍存在不足。因此，非营利组织除了明确自身的公益性目标外，还需要完善各项制度，通过应用绩效管理等方法，更好地实现非营利组织的社会使命。

为了正确认识公益与效率的关系，我国非营利组织可以采取以下对策。

1. 建立明确的公益性目标

非营利组织应明确自身的公益使命和目标，将公益性放在组织目标的核心位置。

2. 提升运营效率

非营利组织应注重内部运营效率的提升，可以采取优化组织结构、合理分配资源、提高工作流程等措施，提高服务的质量和效率。

3. 强化绩效管理

非营利组织可以通过建立科学的绩效评估体系，制定明确的绩效指标和评估方法，对组织的工作进行定期评估和监测，及时发现问题并进行改进。

4. 加强公益理念教育

非营利组织可以通过加强对非营利组织从业人员和志愿者的公益理念教育，提高其对公益事业的认同感和使命感，推动组织公益性目标的实现。

通过正确认识公益和效率的关系，非营利组织可以更好地实现社会使命，提升绩效管理水平，实现公益目标和社会价值。

（二）建立有效的绩效评估制度

为了提升绩效管理水平，非营利组织应格外重视建立有效绩效评估制度的工作。绩效评估起源于西方国家，也是管理中提高组织效率的有效手段之一，并同样适用于对非营利组织的评估。一个有效的绩效评估制度不仅是实现非营利组织管理目标的重要工具，还是进行绩效管理的基础。绩效评估应被视为一个动态的过程，是对非营利组织进行的全面、深入的评估。在建立绩效评估制度时，管理人员可以采用平衡计分卡的方法。平衡计分卡从财务、顾客、组织内部执行，以及学习与成长等四个方面对组织的绩效进行评价。它能够将非营利组织的战略转化为具体的目标和测评指标，为非营利组织的生存发展策略的制定提供重要依据。

建立有效的绩效评估制度的关键，在于根据非营利组织的使命和目标制定明确的评估指标，包括财务绩效、社会影响力、项目执行能力、组织学习和发展等方面。这些指标应具有可衡量性、可操作性并能反映组织的核心价值。另外，要充分收集和分析数据，建立数据收集和分析机制，确保获得准确的数据和信息。具体来说，收集和分析数据可以采用定期收集和监测绩效数据、进行调研和用户满意度调查以及对项目执行过程和组织学习进行跟踪和评估等措施。数据的收集和分析应具有科学性和客观性。相关负责人应制定定期评估的时间表和流程，进行绩效评估的定期审查和反馈。评估结果应及时反馈给相关部门和人员，以便他们了解自身的绩效情况，发现改进机会，并采取相应的行动来提升绩效。

（三）建立有效的激励机制

激励机制在企业组织中扮演着重要的角色，在非营利组织的绩效提升中，同样具有不容忽视的作用。在建立激励机制的过程中，管理者与组织成员在思想和利益层面上的相互沟通，应体现在非营利组织绩效管理的整个过程中。绩效管理应更加重视激发人的主动性和创造性，建立系统有效的激励与约束机制，实现个人与非营利组织的共同发展。

为确保组织目标的实现，管理者要明确制定组织目标，并将其分解为与岗位设计相匹配的个人和团队的具体目标，确保每个人都知道自己的工作目标，以及如何为组织目标作出贡献。以这项工作为基础，非营利组织也能顺利地建立起绩效优先的分配体系，建立公正、透明的绩效评估和薪酬分配体系，并将绩效作为主要的奖励依据。奖励高绩效员工和表彰优秀员工，可以激发员工的积极性和工作动力。建立明确的行为规范和工作准则，可以对员工的行为进行系统有效的规范和约束，确保员工理解并践行组织的价值观和行为准则，并在工作中遵守规范。另外，应当时刻关注员工的工作环境和福利待遇，提供良好的工作条件和发展机会，增强员工对组织的归属感和满意度。员工满意度的提升将促使他们更加努力工作并提升工作绩效。

（四）提升人员素质

提升非营利组织的人员素质，尤其是专业素质，是当下我国非营利组织发展的重要课题。通过提升人员素质，非营利组织能够更好地实现自身公益目标，提高社会管理与服务的效率，进一步提升组织的运行效率。这不仅是非营利组织内部管理的需要，而且是实现社会效益最大化的必要条件。

在具体实施过程中，非营利组织可以通过专业化的管理行动来提升人员素质。专业化的管理行动包括专业培训、人才引进、岗位设置等，可以使组织内部人员对非营利组织的运行模式、管理方法以及服务提供有更深的理解和掌握，进而提高其专业素质。

同时，非营利组织可利用各种现代信息技术和资源，对所获得的信息进行全面、系统的行业分析。现代信息技术，如大数据、人工智能等，可以协助工作人员从大量的信息中筛选出有价值的信息，进行深度挖掘和分析，为非营利组织提供科学的决策依据，并提高其决策效率。专业化的管理行动和对现代信息技术与资源的利用，可以有效提升非营利组织的人员素质，进一步提高其运行效率和社会服务效率，助力其公益目标的实现和社会效益的提升。

（五）建立完善的监督机制

非营利组织绩效管理的有效实施需要有效的监督机制来保证，这涉及组织内部的自我监督，以及外部的政府和社会的监督。通过全方位的监督，人们可以推动非营利组织更好地实现自身社会使命，提高其运行效率和社会服务质量，进一步提升其社会影响力。

建立组织内部的自我监督机制非常重要。这需要重塑非营利组织的内部管理体制，增加对非营利组织运营的客观约束，尤其还要充分发挥监事会的有效监督作用。在这个过程中，非营利组织需要不断强化自我约束和内部沟通，确保组织的决策过程具有民主性。

有效的监督机制还需要政府和社会的广泛参与，尤其是媒体的有效参与。政府、社会和媒体可以从外部对非营利组织进行监督，推动非营利组织内部民主监督机制的形成。这样的监督不仅包括对非营利组织的行为和决策的监督，还包括对非营利组织领导人的个人能力和资源使用情况的监督，保证其行为的合法性和有效性。

为了保证非营利组织的公益性，应当加强对非营利组织财政收支状况的监管。这可以通过引入现代审计等手段来实现，主要应检查非营利组织在经济活动中是否遵守了国家的有关规定，其经费来源以及收支情况是否合法等。这种财务监督机制可以有效防止非营利组织的经费被滥用，保证其经费能够被用于实现公益目标。

（六）强化非营利组织中领导人的领导力

在非营利组织中，领导人的领导力对组织的发展具有重要的影响。由于非营利组织的工作动力更多是使命感和热忱，而非物质利益，因此领导人的领导力在传递组织的使命和理念，以及激发员工的工作热情等方面能起到关键的作用。

强化非营利组织领导人的领导力，可以通过增强领导人的个人魅力来实现。如此一来，就能扩大组织的影响力，进而吸引更多的人加入非营利组织。同时，领导人的领导力还可以增强组织内部的凝聚力和向心力，从而对非营利组织的绩效管理产生积极的影响。

当前，我国的非营利组织的建设已经取得了一定的成绩。同时，在国家层面上，促进非营利组织的培育、发展和管理的各种法律制度体系也正在积极建立和完善。这对未来非营利组织在我国社会的长足发展，无疑是有力的支持。然而，由于非营利组织自身属性特殊，因此其发展不仅需要政府在宏观层面提供有利的条件，还需要非营利组织自身的努力。在社会环境日益改善的今天，提高非营利组织的运行绩效，优化自身管理，成为我国非营利组织面临的最直接的挑战。

因此，未来我国非营利组织的绩效管理还将有许多工作要做，这是一个需要长期努力的系统工程。其中，强化非营利组织领导人的领导力是一个重要的环节，它不仅有助于非营利组织更好地实现其社会使命，还对提升非营利组织的运行绩效有重要的作用。

第四章　非营利组织会计信息化建设

　　信息化时代，数字技术的发展深刻地影响着各个行业和领域，包括非营利组织。作为服务社会公益的组织，非营利组织在实现其使命和目标的过程中，需要高效、透明和可靠的会计信息系统来进行财务管理和报告工作。因此，非营利组织会计信息化建设是当务之急。

　　会计信息化建设旨在将传统的手工会计工作变得更为数字化、自动化，通过应用信息技术和软件系统，提高会计数据的处理速度和准确性，同时增强财务管理的可追溯性和透明度。非营利组织会计信息化建设的目标不仅是简化和优化财务操作流程，还包括更好地满足外部审计和报告要求，以及为决策者提供准确、及时的财务信息。

第一节　非营利组织会计数字化发展趋势

一、会计数字化

　　数字化，指将物理信息转化为数字信息的过程，这个过程包括收集、转化和存储各种信息。在这一过程中，数据变得可以被计算机处理，因此这一过程使信息的高效流通与处理成为可能。随着科技的发展，数字化已经渗透到各个领域，数字化使原本以物理形式存在的信息变得更容易访问、传输和处理。数字化信息可以通过计算机网络被快速传输，人们可以轻松地进行备份和恢复，还可以使用各种软件工具对数据进行分析、处理和转换。此外，数字化还使信息的复制和共享变得更加便捷，同时减少了人们对实际物理空间的需求。

会计数字化指采用各种先进的数字技术，实现会计工作的自动化、高效化、智能化的过程。这些技术包括但不限于云计算、大数据、人工智能、区块链等。在新时代背景下，会计数字化的趋势正在改变传统的会计模式，非营利组织的会计工作也不例外。由于非营利组织的特殊性（服务对象的广泛性、经费来源的多样性、效益的非直接经济性等），非营利组织会计数字化工作更加复杂且要面临重重挑战。

非营利组织会计的特点决定了非营利组织对会计信息系统的需求与营利组织存在较大差异。这就需要会计信息系统的开发者对非营利组织会计的特点有深入的理解，以在开发设计环节满足非营利组织的特殊需求。

二、会计数字化的全球趋势

在全球范围内，会计数字化已成为一种不可逆转的趋势。这个趋势的主要驱动力是新兴数字技术的发展，如云计算、大数据、人工智能、区块链等，这些技术日益成熟，并且在全球范围内得到了广泛的应用。无论是营利组织还是非营利组织，都在试图通过会计数字化来提高工作效率，降低运营成本，提升财务管理的透明度和准确性。

云计算指通过网络（尤其是互联网）在需求方和供应方之间共享可配置的计算资源（如网络、服务器、存储、应用程序、服务等）。在会计领域，云计算主要以云会计或云财务的形式为会计工作提供助力。企业不再需要购买和维护昂贵的硬件设备，也不需要购买和安装复杂的会计软件。他们只需要通过互联网连接到云服务提供商的服务器，就可以使用最新、最强大的会计工具。这种方式不仅可以节省企业成本，还可以让会计人员随时随地访问财务数据，极大地提高了会计人员的工作效率。

大数据指所涉及的资料量规模巨大到无法透过主流软件工具在合理时间内撷取、管理、处理并整理，达到帮助企业经营决策的目的的资讯，其数据集的大小超过了传统数据库软件工具能获取、存储、管理和分析的上限。在会计领域，大数据的应用主要体现在财务数据分析上。通过采集和分析大量的财务数据，企业可以深入了解自身的运营状况，发现潜在的问题，为决策提供有力的支持。例如，通过分析销售数据，企业可以了解到哪些产品或服务最受欢迎，哪些市场有增长潜力，从而为市场策略的制定提供依据。通过分析成本数据，企业可以发现哪些环节成本过高，进而寻找降低成本的途径。

人工智能是研究、开发用于模拟、延伸和扩展人的智能的理论、方法、技术及应用系统的一门技术科学。在会计领域，人工智能的应用主要体现在会计事务处理自动化和智能财务分析上。例如，通过使用机器学习算法，企业可以让计算机自动识别发票并进行分类，自动记录会计凭证，这些都大大提高了会计工作的效率；通过使用深度学习算法，企业可以让计算机对财务数据进行深度分析，发现隐藏的模式和趋势，为决策提供更深入的洞见。

区块链是一种分布式数据库，它可以记录资产的所有权和转移情况。在会计领域，区块链的应用主要体现在交易的记录和审计上。由于区块链的数据一旦写入就无法篡改，因此它可以提供一个安全、可信的交易记录，这对防止欺诈行为和错误的出现至关重要。此外，通过使用智能合约，企业可以让人工智能自动执行复杂的会计操作，进一步提高了会计工作的效率和准确性。

三、非营利组织会计数字化的需求分析

推进非营利组织会计数字化工作是当下非营利组织会计发展的迫切需求。只有引入先进的数字化技术，才能使非营利组织的会计工作跟上

业务发展的步伐，满足公众和监管机构对组织财务透明度的需要。数字化不仅可以提高非营利组织会计工作的效率和准确性，还可以提高其业务运作的透明度，增强公众的信任度，从而让非营利组织更好地完成使命，服务社会。非营利组织会计数字化的需求主要来自两个方面：一是业务的复杂性和规模的扩大，二是公众对非营利组织透明度的期待和监管的加强。

随着非营利组织业务规模的不断扩大，其会计工作的复杂性也随之提高。大多数非营利组织都涉及各种各样的项目管理，这些项目往往有各自的预算、收入来源、支出内容、利益相关者等，每个项目都需要详细的财务记录，以满足内部管理和外部监管的需要。此外，非营利组织的资金往往有多方来源，包括政府补助、捐赠、会员费、服务费等，这些资金的管理和使用也需要严格的会计制度进行规范。这种复杂性使非营利组织的会计工作量大、难度高、容错率低。因此，非营利组织急需采用数字化技术来提高会计工作的效率和准确性。

随着社会对非营利组织期望的上升和监管的加强，非营利组织需要提供更为透明、及时、准确的财务信息。公众期望非营利组织能够有效、公正、公开地使用资金，因此对非营利组织的财务信息有高度的关注。政府和监管机构也要求非营利组织定期提交各种财务报告，以证明其合规性。这些需要都非营利组织必须及时、准确地处理和报告财务信息，这无疑增加了会计工作的压力。数字化技术可以帮助非营利组织自动处理大量的财务数据，快速生成各种财务报告，大大提高了非营利组织会计的工作效率。

四、非营利组织会计数字化的主要挑战

虽然会计数字化能为非营利组织带来许多好处，但它在实施过程中也面临着一些挑战，如图 4-1 所示。

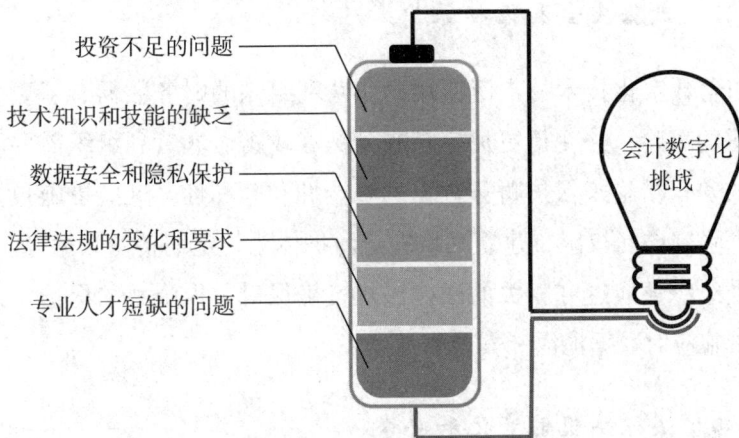

图 4-1　非营利组织会计数字化的主要挑战

投资不足的问题

技术知识和技能的缺乏

数据安全和隐私保护

法律法规的变化和要求

专业人才短缺的问题

会计数字化挑战

（一）投资不足的问题

会计数字化需要大量的投资，包括硬件设备的购置、软件系统的开发和购买以及人员的培训和管理等。然而，许多非营利组织由于资金有限，无法为会计数字化提供足够的投入。此外，由于非营利组织的特殊性，其会计工作通常不直接创造经济效益，这也使非营利组织在进行会计数字化方面的投资决策时更加谨慎，并往往倾向于把有限的资金用在直接的公益活动上，而忽视了会计数字化建设的重要性。

（二）技术知识和技能的缺乏

非营利组织的工作人员可能缺乏必要的技术知识和技能，无法有效地应用数字化技术进行会计工作。这需要非营利组织加强对员工的培训和教育，提高其数字技术的素养和技能水平。可以通过组织培训课程、聘请专业人员进行指导和支持、建立内部学习平台等方式来弥补工作人员技能的不足。此外，与技术供应商建立良好的合作关系，获取专业的技术支持也是解决会计人员技能缺乏问题的一种途径。

（三）数据安全和隐私保护

随着数字化技术的广泛应用，非营利组织的财务数据有了更大的数据泄露的风险，并变得更加容易受到黑客攻击。非营利组织需要采取一系列的安全措施来保护财务数据的安全性和隐私性。这些措施包括加密数据、限制访问权限、建立网络安全防护体系、定期备份数据等。同时，非营利组织还应遵守相关的法律法规，确保对个人隐私的保护，并采取适当措施应对数据泄露和安全事故的发生。

（四）法律法规的变化和要求

随着社会对非营利组织监管力度的加大，相关的法律法规也在不断更新和调整。非营利组织需要及时了解并适应这些变化，确保会计数字化工作及其推进过程都符合相关要求。这可能需要非营利组织加强与法律顾问和专业机构的合作，进行法律风险评估和合规性审查，以确保其会计数字化工作在过程和结果上都符合法律法规的要求。

（五）专业人才短缺的问题

会计数字化不仅需要大量的投资，还需要有相关专业知识和技能的人才来推动和管理。然而，当前非营利组织会计人才非常短缺。一方面，许多非营利组织由于资金和规模的限制，无法吸引和留住专业的会计人才；另一方面，由于会计数字化的发展速度很快，现有的会计人员往往缺乏相关的专业知识和技能，无法满足会计数字化的需求。这不仅阻碍了非营利组织会计数字化的发展，还对非营利组织会计工作的质量和效率构成了威胁。

五、新时代下非营利组织会计数字化的应对措施

为了应对会计数字化过程中的挑战，非营利组织应采取一系列应对

措施。通过这些措施的实施，非营利组织能够更好地应对会计数字化过程中可能出现的问题，推动非营利组织会计数字化发展，提高会计工作的效率和质量，增强非营利组织的透明度和公众信任度，为非营利组织的持续发展作出积极贡献。具体措施如图 4-2 所示。

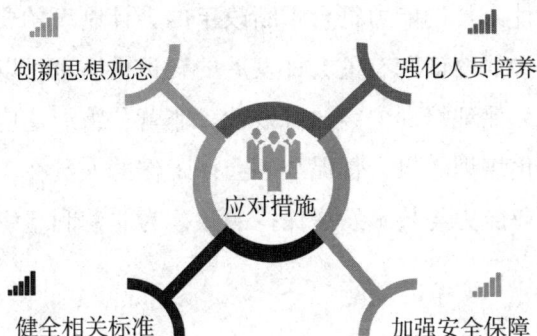

图 4-2　非营利组织会计数字化的应对措施

（一）创新思想观念

在新时代社会经济的发展中，非营利组织会计数字化的推进需要管理人员具备创新思想观念。这意味着管理人员应及时转变思想观念，适应国家和社会对会计改革的要求。非营利组织的会计数字化发展应与时代发展和社会需求相结合，以发挥组织的重要价值，让更多人了解非营利组织。为此，非营利组织管理人员在面对全新的思想观念时，应进行相关调研，深入探讨，并进行思想方面的认识分析，以决定是否在组织内部实施各种新举措。管理人员不应一概否定所有的新思想、新观念，而应结合会计的实际发展情况设计有效的数字技术与会计工作结合的工作方案，以提高会计工作效率，推动非营利组织的发展。

（二）强化人员培养

非营利组织会计数字化的发展离不开专业人才的支持。为此，各方需要加强对会计和数字技术人才的培养。高校应加大对会计数字化专业人才的培养力度，确保学生多方面成长。此外，专业人才还需要具备实践能力，以适应工作环境。教育工作者还可以通过转变传统教学方式的方法，提升会计专业人员的能力。非营利组织应制定针对性的技能考核制度，保证会计人员的能力符合不断改革的会计制度的要求。组织内部会计人员定期参加培训和有关会计发展的知识讲座也可以不断提升会计人员的能力。为保证培训内容的有效性，非营利组织还应定期考核培训相关内容，强化培训效果，督促从事会计工作的人员在工作中不断学习成长，使其专业能力与技术发展保持一致，为非营利组织的会计工作和管理提供保障。

（三）健全相关标准

会计数字化发展离不开软件的支持。然而，由于缺乏相关标准，非营利组织各部门之间的会计文件可能存在不兼容的情况。为推进会计工作的进一步发展，非营利组织需要加强软件建设，形成统一的数字化标准。管理者应发挥会计软件的指引作用，同时结合非营利组织的具体发展情况进行创新建设。

一方面，非营利组织应增加技术性投入。技术性投入是会计改革中的重要环节，需要政府部门引导组织进行技术创新，为非营利组织会计的发展提供保障。另一方面，非营利组织需要加大资金投入。会计数字化不仅需要先进的软件支持，还需要大量的资金和人才资源，以保证系统长期的稳定运行。非营利组织应该加大资金投入，确保有足够的经费用于购买必要的硬件和软件资源，以及聘请和培训相关的技术人员。同时，非营利组织也应考虑与相关的专业机构和企业进行合作，共同推动会计数字化系统的研发和应用。

（四）加强安全保障

在会计数字化的发展过程中，非营利组织及社会各方必须加强安全保障，以应对信息技术带来的安全隐患。政府部门应根据信息技术的发展情况，制定相应的法律法规，保障会计数字化发展有良好的网络环境。同时，非营利组织内部需要加强网络数据的管理，对会计重要数据文件进行备份处理，以免数据丢失、损坏或出现错误。在会计数字化的发展过程中，非营利组织要注意网络安全，可采用双服务器配置等措施，确保会计财务数据的安全性。此外，政府部门建立系统安全防护机构，加强网络安全，也可以保证非营利组织的网络安全，为会计数字化的顺利发展提供保障。

通过创新思想观念、强化人员培养、健全相关标准并加强安全保障，非营利组织能够更好地应对会计数字化过程中可能出现的问题，推动会计数字化发展，提高工作效率和质量，增强组织透明度和民众信任度，为非营利组织的持续发展作出积极贡献。

第二节　非营利组织会计信息系统建设

非营利组织会计信息系统建设是推动非营利组织会计数字化的重要环节，它涉及建立和完善会计信息系统等方面，可以支持非营利组织会计工作的开展。

一、会计信息系统的定义与重要性

（一）会计信息系统的定义

会计信息系统指利用信息技术和会计原理，以数据为基础，收集、处理、存储和报告会计信息的系统。它由硬件设备、软件应用、数据库和会计人员组成，可以实现对会计信息的有效管理和利用。

会计信息系统的核心功能包括数据的输入、处理、存储和输出。输入涉及各种经济业务原始数据的收集和记录，包括资金流动、业务活动、项目支出等。处理指系统通过应用会计原理和方法，对数据进行分类、计量、核算和汇总，生成会计报表和财务分析数据。存储时，系统会将处理后的数据存储在数据库中，以备后续查询和报告使用。输出指系统通过报表、财务分析和决策支持系统等形式，向利益相关方提供会计信息。

（二）会计信息系统的重要性

会计信息系统在非营利组织中具有重要的地位和作用。它能够提高会计工作的效率和准确性，支持决策和管理，增强组织透明度和公众信任度，提高组织的合规性和声誉，实现信息共享和协同工作。非营利组织应充分认识到会计信息系统的重要性，并合理配置资源，推动系统的建设和应用，以实现组织的可持续发展和社会价值，如图 4-3 所示。

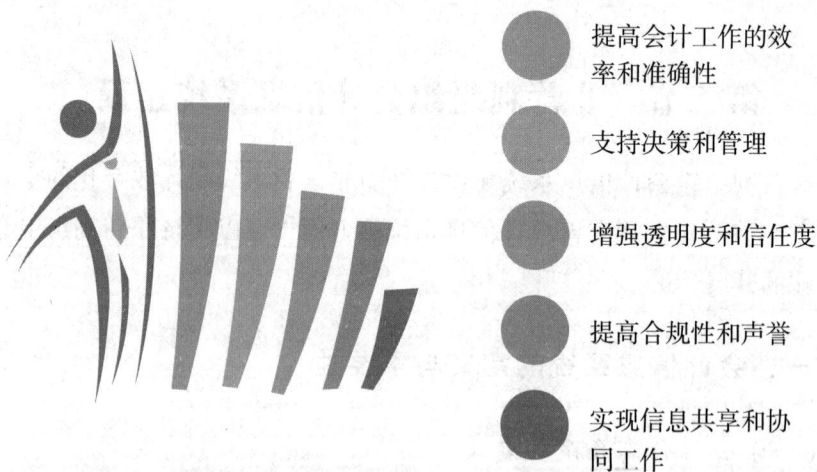

提高会计工作的效率和准确性

支持决策和管理

增强透明度和信任度

提高合规性和声誉

实现信息共享和协同工作

图 4-3 会计信息系统的重要性

1. 提高会计工作的效率和准确性

会计信息系统实现了数据的自动录入。与传统的手工录入相比，会计信息系统通过与其他业务系统的互联互通，可以直接获取相关交易数据，避免了手动输入的烦琐过程。例如，会计信息系统与采购系统、销售系统、银行系统等进行数据集成，可以自动获取采购订单、销售订单和银行交易等数据。这样，会计人员就无需手动输入大量数据，节省了时间并减少了输入错误的发生。会计工作涉及大量的计算和核对工作，如账务的加减、余额的计算、科目的核对等。会计信息系统通过内置的计算公式和规则，能够自动进行计算和核对工作，减少了对人工操作的需求。这不仅提高了计算的准确性，而且节省了时间和人力成本。通过事先设定好报表模板和会计规则，会计信息系统能够根据录入的数据自动生成财务报表，如资产负债表、利润表和现金流量表等。这大大简化了报表的编制过程，减少了手工操作的错误，并降低了工作的烦琐性。同时，会计信息系统还能进行数据分析，可以自动生成各种财务分析报告和指标分析报告，帮助管理层更好地理解组织的财务状况和经营情况。

2. 支持决策和管理

会计信息系统能够提供全面而准确的财务信息。借助自动化的数据录入和处理功能，会计信息系统能够实时更新和生成各种财务报表，如资产负债表、利润表和现金流量表等。这些报表反映了组织的财务状况和经营绩效，为管理人员提供了全面的基础财务信息。通过会计信息系统，管理人员能够快速了解到组织的资金流动、成本结构、收入来源等重要财务指标，从而更好地把握组织的财务状况。

通过系统化的数据分析和报告功能，会计信息系统能够根据管理人员的需求生成各种数据分析报告和指标分析报告。这些报告能帮助管理人员深入了解组织的经营情况，如收入来源和支出项目的情况，从而识别出组织的主要盈利来源和成本重点。同时，会计信息系统还能进行趋势分析、比较分析和预测分析等，为管理人员提供数据支持，帮助他们进行业务规划和决策。

非营利组织的工作通常涉及对多个项目和资源的管理，如资金、物资和人力资源等。会计信息系统能够实时记录和跟踪项目的收入、支出和进展情况，为管理人员提供项目管理所需要的数据支持。通过对项目数据的分析和比较，管理人员可以评估项目的效益和可行性，及时发现问题并采取措施进行调整。同时，会计信息系统还可以帮助管理人员有效分配和利用资源，提高资源利用效率并降低成本，为组织的可持续发展提供支持。

3.增强透明度和信任度

会计信息系统可以通过提供透明、准确的财务信息，增强非营利组织的透明度和公众对组织的信任度。通过系统生成的财务报表和数据分析，非营利组织能向内外部利益相关方展示可靠的财务信息，包括组织的财务状况、经营绩效和资源利用情况等。这种透明度能够增加各方对组织的信任，帮助组织建立与捐助者、合作伙伴、政府监管机构和社会大众的良好合作关系。透明的财务信息展示也有助于外界对非营利组织的财务健康状况和项目成效的评估，有助于进一步提升组织的声誉和可持续发展能力。此外，透明的财务信息还能为决策者提供可靠的数据基础，帮助他们规划发展战略，做出明智决策，以实现组织的有效管理。

4.提高合规性和声誉

会计信息系统的使用能够帮助非营利组织提高合规性并保护组织声誉。会计信息系统通过内部控制和审计功能，能够提供对组织财务活动的监控和审查。系统可以自动进行合规性检查，确保财务处理符合法律法规和组织内部的规定程序。这种对内部控制的加强有助于减少违规行为并降低错误操作的风险，提高合规性。

会计信息系统还能提供完整的财务记录和审计跟踪功能，使财务报表的编制和披露更加准确、可靠。系统能够自动记录和存储所有财务交易和操作的细节，包括账务录入、凭证生成、审批流程等。这种审计跟踪功能可以为内部审计和外部审计提供必要的依据和证据，确保财务报表的真实性和合规性。

提高合规性，有助于保护非营利组织的声誉和形象。合规性的提高意味着组织能够更好地履行社会责任，遵守法律法规和道德标准，维护财务透明度和自身诚信。较高的合规性表明组织具有高度的诚信度和可信度，能够增加外界对组织的认可和支持，进一步巩固组织的声誉。

合规性的提高也有助于组织获得更多公共资金、捐款和资助。政府机构、慈善基金会和捐助者通常对非营利组织的合规性和财务透明度有较高的要求。使用会计信息系统，能够让组织提供准确、可靠的财务信息和报告，满足监管要求，增加组织在资金的获取和利用方面的透明度，让组织获得更多的社会支持和公众的信任。

5. 实现信息共享和协同工作

会计信息系统通过共享数据，可以消除信息孤岛效应并避免数据的重复录入。不同部门和人员可以在系统中访问和查看相同的数据，这避免了数据的割裂和不一致。例如，财务部门可以将财务报表和相关数据上传到系统，其他部门可以随时查看这些数据，并根据需要进行相应的分析和决策。数据的一致和共享有助于提高工作的准确性和效率，避免了重复劳动和数据错误。

会计信息系统有权限控制和审计功能，可以保障数据安全。系统可以根据用户角色和权限的不同，设置不同的访问级别，确保只有授权人员能够查看和修改相应的数据。同时，系统也可以记录用户的操作和数据变更情况，提供审计跟踪功能。这种权限控制和审计功能有助于防止出现未经授权的访问和数据泄露，保护组织的敏感信息和财务数据的安全。

通过系统的协作功能，不同部门和人员可以在同一个平台上共同编辑和更新数据，进行实时的协同工作。例如，财务部门可以与预算部门协作编制预算计划，各个项目组可以共享项目的进展和费用信息，管理人员可以与团队成员协同制定决策和管理策略。这种协同工作的方式提高了部门之间的协作效率，促进了信息的交流和共享，有助于提高组织的整体绩效。

二、非营利组织会计信息系统的需求分析

开发非营利组织的会计信息系统，在使之适应非营利组织的特殊性和满足组织的业务需求方面，具有一定的挑战和复杂性。对非营利组织而言，对会计信息系统进行需求分析是至关重要的，因为它直接关系着组织的财务管理效率和报告质量，对组织的有效运营和透明度具有重要意义。

非营利组织的会计信息系统的设计需求，与其多样化的经费来源和项目管理密切相关。与营利组织不同，非营利组织的经费往往来自捐赠、补贴和合作项目等多个渠道。因此，会计信息系统需要具备强大的管理和追踪功能，才能准确记录和报告这些资金的流动和使用情况。系统应能够对不同来源的资金进行分类和标识，并能跟踪每笔资金的用途、流向和归属。此外，对于涉及多个项目的非营利组织来说，会计信息系统还需要有项目管理功能，以便追踪和管理不同项目的财务活动和成本核算，并对项目的预算执行进行监控和分析。

非营利组织的会计信息系统需要具备灵活性和可定制化的特点。不同类型和规模的非营利组织可能有不同的会计需求和报告要求。会计信息系统应能够灵活适应不同组织的规定和准则，能够在设置各类会计科目方面有一定的自由度，并能自定义账户和报表格式。此外，由于非营利组织的业务活动可能涉及多个领域，如慈善事业、教育、医疗等，因此会计信息系统还需要满足不同业务领域的特殊会计处理需求和报告需求。因此，系统的设计应充分考虑到非营利组织的多样性和个性化需求，提供可扩展和可定制的功能模块，使系统能够适应不同组织的特殊要求。

非营利组织的会计信息系统还需要具备良好的数据安全性和保密性。非营利组织通常需要处理大量敏感的财务信息，如捐赠者的个人信息、

资金流动情况等，保障这些信息的安全性和保密性至关重要。会计信息系统应有严格的数据访问权限控制机制，确保只有授权人员才能访问和操作相关数据。系统应具备数据加密和安全传输功能，防止数据在传输和存储过程中被非法获取或篡改。此外，系统还应具备数据备份和恢复功能，以应对数据丢失或损坏的情况，确保数据的完整性和可靠性。

只有满足这些需求，非营利组织的会计信息系统才能有效支持组织的财务管理和报告工作，提高会计工作的效率、透明度和合规性，为组织的可持续发展提供有力的支持。

三、非营利组织会计信息系统的选择与配置

非营利组织在选择和配置会计信息系统时，应综合考虑系统功能的匹配度、系统的稳定性和可靠性、供应商的信誉和服务支持力度，以及系统的灵活性和可定制性。同时，云计算和软件及服务（Software as a Service，SaaS）模式的应用也可以帮助非营利组织降低成本，提高会计工作的灵活性，并与可靠的供应商建立长期稳定的合作关系。

（一）系统功能的匹配度

非营利组织需要评估不同会计信息系统的功能特点，确保其能够满足组织的特定需求。需要格外留意的功能包括捐赠管理、项目核算、预算控制、财务报告等。系统应具备灵活的会计科目设置方式和报表格式，这样才能进行多项目和多维度的财务分析和报告工作。

（二）系统的稳定性和可靠性

会计信息系统作为非营利组织财务管理的核心工具，必须具备稳定的性能和可靠的数据处理能力。组织需要评估系统的数据存储和处理能力，确保其能够应对大量数据和高并发的处理需求。此外，系统的安全性也是一个重要考虑因素，所涉功能具体包括数据加密、访问权限控制、

备份与恢复等。非营利组织应选择可信赖的供应商或合作伙伴，以确保系统的稳定性和安全性。

（三）供应商的信誉和服务支持

非营利组织应对供应商进行综合评估，了解其在会计信息系统领域的专业经验和声誉。供应商应能提供全面的技术支持和售后服务，包括系统的部署与配置、用户培训、问题解决等方面。此外，非营利组织与供应商的合作关系应该是长期稳定的，以确保系统可以获得持续的技术支持和升级更新服务。

（四）灵活性和可定制性

非营利组织的会计需求和报告要求可能因组织类型、规模和业务特点不同而异。因此，会计信息系统应具备一定的灵活性和可定制性，以适应不同组织的特殊需求。非营利组织可以与供应商进行详细的需求沟通，确保系统能够满足其特定的会计和报告需求。

（五）云计算和 SaaS 模式

采用云计算模式可以降低系统部署和维护的成本，并提高灵活性和可扩展性。云计算模式可以使非营利组织将系统部署在云平台上，无需购买和维护昂贵的硬件设备和软件许可证。同时，云平台提供的弹性资源可以根据组织的需求进行拓展或收缩。SaaS 模式允许非营利组织通过订阅方式使用会计信息系统，供应商负责系统的部署、维护和升级，这降低了组织 IT 管理方面的负担。

通过合理选择和配置会计信息系统，会计人员能够更好地进行财务管理和报告工作，提高工作效率、数据准确性和决策能力，为组织的可持续发展作出积极贡献。

四、会计信息系统的实施与评估

非营利组织在实施会计信息系统时，必须结合业务需求和环境特点，以确保实施计划的合理性和可行性。

为了保证项目的顺利进行，非营利组织需要制定全面的实施计划，并设立相应的时间表。项目计划应明确指出各个阶段的目标、任务和关键时间节点。同时，它应充分考虑组织的特殊需求和业务流程，确保实施过程与组织的发展和运营相协调。制订时间表时，要综合考虑项目资源、人力和预算等因素，合理安排各项任务的开始和完成时间。

在实施过程中，明确责任分工十分重要。由于实施会计信息系统涉及多个部门和角色的协作，因此非营利组织需要为每项任务明确指派责任人并明确他们的工作内容。此外，项目管理团队或委员会可以有效地监督项目进度并及时解决可能出现的问题。

系统测试和验证是实施过程中的关键环节，可以确保系统的功能和性能满足预设的需求。系统的测试包括功能测试、性能测试和安全测试。功能测试指对系统的各个功能进行验证，如数据录入、报表生成和查询分析等。性能测试主要关注系统在面对高负荷和高并发访问时的性能。安全测试则检查系统的安全防护机制是否健全，保障数据的安全性。

实施完成后，工作人员应对系统进行全面评估，以便了解系统的使用效果并发现可能的问题。评估是一个关键环节，用以评价系统的有效性、与非营利组织的契合性、效率、安全性等多方面的性能。这个过程通常还涵盖对会计信息系统的技术性能、用户体验和经济效益的评估。

（一）技术性能评估

技术性能评估主要关注系统的稳定性、可靠性、速度和安全性等核心指标。

稳定性指系统保持稳定运行的能力，要看系统能否在持续运行时保持稳定，且不出现故障或崩溃。这通常需要工作人员通过长时间运行系统，观察其是否能在各种条件下正常运行来进行评估。

可靠性指系统准确完成任务，使数据、报告可靠可信的能力。这要看系统能否正确无误地完成任务，特别是在面临错误或异常情况的时候。工作人员可以通过模拟各种可能的错误情况，并观察系统的响应方式来评估。

速度或者响应时间与系统完成任务的快慢有关，具体包括数据处理的速度、报告生成的速度等。这是衡量系统效率的重要指标，通常通过计时测试来评估。

安全性指系统保护数据和信息不被非法访问或泄露的能力。这通常通过工作人员对系统的安全机制、访问控制、数据加密等功能进行测试来评估。

（二）用户体验评估

用户体验评估主要关注系统的易用性、可用性和用户满意度。

易用性指系统的操作是否简单直观，是否能让用户快速掌握使用方法。这可以通过用户测试，根据新用户在没有培训的情况下使用系统的情况来评估。

可用性指系统的功能是否能满足用户的实际需求，特别是非营利组织的特定需求。这可以通过用户访谈或问卷调查，收集用户的反馈和建议来评估。

用户满意度指用户对系统的整体评价，包括对系统的性能、功能、操作等各方面的满意程度。这通常通过量化的评分或等级评价的满意度调查来评估。

（三）经济效益评估

对经济效益的评估主要关注投资回报情况，即系统带来的经济效益是否超过了投资成本。

这可以通过计算节省的成本、提高的效率、减少的错误等与财务相关的指标来评估。例如，如果新系统能提高财务报告的准确性，可能就会减少因错误而产生的损失；如果新系统能自动化执行一些人工操作，可能就能节省人力成本；如果新系统能提高数据处理的速度，可能就能提高工作效率。

经济效益评估也需要考虑系统的维护和更新成本，以及可能的风险和不确定性。例如，如果系统需要频繁更新，可能就会增加未来的成本；如果系统的实施和使用存在不确定性，可能就会带来风险。

对会计信息系统的评估是一个综合的过程，需要从多个角度、层面进行全面深入的考察。在这个过程中，非营利组织需要根据自己的特性和需求，选择合适的评估方法和指标，确保系统能真正满足自身业务需求，提高工作效率，保障数据安全，最终实现投资回报。

五、会计信息系统的维护与升级

会计信息系统的维护和升级是非营利组织保证系统能长期稳定运行的关键环节。维护和升级工作涉及系统的硬件、软件、数据库和安全等方面，旨在维持系统的稳定性能、各项功能的正常运行和安全性，并使之适应不断变化的业务需求和技术发展。

非营利组织需要制订关于系统维护和支持的策略和计划。维护策略应包括定期的系统检查和维护、数据备份和恢复、安全防护和监控等措施。定期的系统检查可以发现并解决潜在的问题，确保系统的正常运行。数据备份是防止数据丢失和进行灾难恢复所需要的重要手段，非营利组织应定期备份系统数据，并将备份数据存储在安全可靠的位置。安全防护和监控是保护系统免受安全威胁和攻击的重要措施，非营利组织需要采取适当的安全措施，如访问控制、防火墙设置、信息加密等，以确保系统和数据的安全性。

非营利组织应及时处理系统故障和问题。系统故障可能会影响到非营利组织的正常运营和财务报告的及时性，因此需要建立快速响应和解决问题的机制。非营利组织可以组建专门的技术支持团队或与合作伙伴联合，以及时处理系统故障并提供技术支持。同时，非营利组织应定期进行系统的性能检测和性能优化，确保系统的高效运行和问题出现后的高效响应。

非营利组织还应关注会计信息系统的升级和更新。随着技术和业务的发展，会计信息系统需要跟进并适应新的需求和挑战。非营利组织应定期评估系统的性能和功能，了解当前系统的状况和不足之处。根据评估结果，可以考虑进行系统的升级和更新，以引入新的功能、改善性能并提升用户体验。升级和更新可能涉及硬件设备的更换、软件版本的升级、数据库结构的调整等，需要工作人员做好规划并进行充分的测试，以确保升级的顺利进行，并避免升级对业务运作产生负面影响。

维护和升级工作需要非营利组织与系统供应商、技术团队或合作伙伴建立紧密的合作关系。非营利组织可以与供应商签订服务合同或维护协议，明确双方的责任和义务。同时，定期的沟通和反馈也是保证维护和升级工作顺利进行的重要环节，非营利组织应及时向供应商或技术团队反馈建议和系统使用中遇到的问题，以便得到及时的技术支持。

维护和升级工作的目标是确保会计信息系统的长期稳定运行，以保障非营利组织的财务报告工作顺利开展，并进而支持组织决策。通过有效的维护和升级工作，非营利组织能够保持系统安全、高速、稳定运行，并随着业务需求和技术的变化发展不断提升系统的效能和适应性，为组织的发展提供可靠的支持。

六、会计信息系统的用户培训与支持

用户培训与支持的目标是使非营利组织的工作人员熟悉并善于使用会计信息系统，提高工作效率，减少错误和疏漏。通过提供高质量的培训和支持，组织能够最大限度地发挥会计信息系统的作用，为组织的财务管理和决策提供准确、可靠的支持。具体做法，如图4-4所示。

培训资源　　技术支持
工具准备　　问题解决

培训计划　　　　　　反馈
内容设计　　　　　　改进机制

图4-4　会计信息系统的用户培训与支持

（一）培训计划内容设计

培训计划是培训的基础。在制订培训计划时，非营利组织应考虑不同用户群体的需求和特点，以确保培训内容的针对性和实用性。培训计划应明确培训的时间、地点和参与人员，并按照培训的顺序和层次安排培训内容。针对不同用户群体，培训内容可以分为初级、中级和高级课程，以逐步提高用户的技能水平和对会计信息系统的理解水平。

培训内容应根据用户的角色和职责进行分类和安排。对于初学者和系统新手，培训应从系统的基本概念、界面导航和基础操作开始，逐步引导他们熟悉系统的各个功能模块。对于熟悉系统的用户，可以提供进阶培训，包括高级功能的应用、数据分析和报表生成等。此外，根据组织的特殊需求，还可以设置专业领域的培训模块，如项目管理、财务分析或预算编制等。

（二）培训资源工具准备

为了确保培训的顺利进行，非营利组织需要准备充足的培训资源和工具，以帮助用户快速理解并掌握会计信息系统的操作流程和功能。首先，培训材料应该简洁明了，结构清晰，并具有较强的实践性。培训材料可以包括用户手册、操作指南、快速参考卡等，这些材料应该以用户为导向，根据不同的培训阶段和用户群体进行分类和编制。培训材料应该突出系统的关键功能和操作要点，通过清晰的文字说明、图文并茂的示例和实际应用场景，帮助用户理解和掌握系统的使用技巧。

演示文稿是另一个重要的培训工具。演示文稿可以图文并茂地展示系统的功能和操作流程，帮助用户更直观地了解系统的特点和使用方法。演示文稿应该具备清晰的逻辑结构，将讲解的重点放在系统的关键功能和操作步骤上，并以实例和实际应用场景进行说明，使用户能够更好地理解和应用所学知识。

非营利组织需要确保培训场所的舒适性和实用性，提供良好的学习环境和完备的培训设施，如适当数量的座位、投影仪、电脑等。组织还应确保培训设备的正常运行，包括软件的正常安装和配备、网络的正常连接等，以便用户能够顺利地进行实践操作和学习。非营利组织可以成立专门的培训团队或委托专业培训机构来负责培训计划的制订、培训材料的编制和培训过程的组织。培训团队应该具备丰富的培训经验和系统操作技能，能够提供高质量的培训服务。此外，非营利组织还可以利用在线培训平台和远程培训工具，为用户提供更灵活和便捷的学习方式。

（三）技术支持问题解决

非营利组织应建立一个专门的技术支持团队或与合作伙伴联合，为用户提供及时的技术支持和问题解决方案。技术支持团队需要具备扎实的系统知识和解决问题的能力，并熟悉会计信息系统的各个模块和功能，掌握系统配置、系统维护和故障排除等方面的技术知识，以提供及时、有效的解决方案和建议。

技术支持团队应具备良好的沟通和协作能力，以便与用户进行有效的沟通，了解用户的具体问题和需求，并及时提供响应。通过充分的沟通和理解，技术支持团队能够更好地为用户解决问题，并帮助用户充分利用会计信息系统的功能。

此外，技术支持团队还应该具备快速响应和解决问题的能力。用户在使用会计信息系统时可能会遇到各种技术问题或困惑，需要得到及时的帮助和有效的解决方案。因此，技术支持团队需要制订合理的服务级别协议，明确响应时间和问题解决的时效性要求。通过迅速响应和解决问题，技术支持团队可以使系统尽快恢复使用，并提高用户的满意度和信任度。

除了技术支持团队，非营利组织还可以考虑建立用户反馈机制，以便用户能够及时反馈问题和意见。技术支持团队可以根据用户的反馈进行改进和优化，不断提升系统的稳定性和用户体验。用户的反馈和建议对系统的持续改进和发展至关重要。

（四）反馈改进机制

为了不断提高用户的满意度和系统的使用效果，非营利组织应提供多样化的反馈渠道，以使用户能够方便地向组织提供关于会计信息系统的意见、建议和问题。这些反馈渠道可以包括在线反馈表单、电子邮件、电话热线或在线社交媒体平台等。通过提供多种反馈渠道，非营利组织能够充分收集用户的反馈信息，并及时做出响应。

非营利组织应重视用户的反馈意见，认真对待每一条反馈信息。组织应建立一个专门的反馈处理团队或委派专人负责处理用户反馈。这个团队或专人应具备良好的沟通能力和问题解决能力，能够与用户进行有效的交流，并及时跟进和解决问题。对于用户提出的建议和意见，组织应认真考虑，并在可能的范围内进行改进和优化。

另外，非营利组织可以定期开展用户满意度调查或组织用户反馈会议，以了解用户对会计信息系统的整体满意度和改进需求。通过这些调查和会议，组织能够获取更全面和系统的用户反馈信息，从而有针对性地进行系统改进和优化。

非营利组织应建立一个持续改进机制，确保用户反馈和建议能够得到及时的处理和落实。组织应定期评估用户反馈的结果，并制订相应的改进计划和时间表。这些改进计划可以包括系统功能的拓展、界面的优化、用户培训的改进等方面。通过持续的改进和优化，非营利组织能够不断提升会计信息系统的质量和用户体验，满足用户的需求并提高系统的价值。

第三节　非营利组织会计数据安全管理

一、数据安全的重要性

数据安全对于非营利组织的会计管理具有重要的意义和价值。当今是数字化时代，随着信息技术的发展和应用，会计数据的安全性成了非营利组织不容忽视的重要问题。

数据安全保护能够防止非营利组织的会计数据遭受恶意攻击和未经授权的访问。在数字化时代，网络黑客和内部人员泄露是会计数据面临的重要威胁。黑客可能试图入侵组织的系统，获取敏感的会计数据，而内部人员也可能泄露数据或滥用权限。通过采取数据安全保护措施，如强化网络安全、访问控制和加密技术，非营利组织可以有效防范未经授权的访问和恶意攻击，确保会计数据的机密性和完整性。

加强数据安全保护有助于提高非营利组织的合规性和合法性。作为法律法规和行业规范的遵循者，非营利组织有义务保护会计数据的安全，并按照规定的程序和标准进行数据处理和存储。通过建立健全的数据安全管理体系，包括制定和执行数据安全策略、建立内部控制机制和进行定期的数据安全审计，非营利组织能够确保会计数据的合规性和合法性。这有助于避免非营利组织的有关人员违反相关法律法规，减少法律风险并减低组织因违规而被罚款的可能性。

数据安全保护还可以增强非营利组织的声誉和信任度。随着公众对数据安全的关注度不断提高，公众对组织如何保护会计数据的安全也更加重视。如果一个非营利组织能够有效保护其会计数据的安全，确保数据不被泄露、篡改或滥用，那么它将赢得公众和利益相关方的信任和认可。这不仅有助于提升组织的声誉和形象，还能提升合作伙伴和捐助者对组织的信心，促进组织的可持续发展。

二、数据安全风险的识别与评估

数据安全风险的识别与评估是非营利组织数据安全管理的重要环节。通过识别和评估潜在的数据安全风险，组织能够更好地了解可能存在的安全威胁，并采取相应的措施进行预防和应对。

风险识别是识别数据安全风险的起点。非营利组织应该对其内部和外部环境进行全面分析，识别可能对会计数据安全造成威胁的因素。在内部方面，非营利组织需要关注员工操作的风险、数据泄露的风险、内部系统的安全性等。在外部方面，非营利组织需要关注网络攻击、黑客入侵、病毒感染等可能的风险。通过评估组织内部的数据管理流程、加强现有的安全控制措施并研究相关的安全事件和案例，非营利组织可以全面了解数据安全风险的来源和可能性。

风险评估是对已识别风险的评估和分析过程。对风险的可能性和影响程度进行评估，可以确定其优先级和紧迫程度。评估风险的可能性可以从攻击者的技术水平、系统漏洞的特点以及组织的安全防护措施等角度着手。评估风险的影响程度可以从数据的重要性、数据泄露对组织声誉和合规性的影响，以及相关的法律法规等方面着手。非营利组织的工作人员通过定量和定性的方法，如风险矩阵、风险评分等，可以对风险进行综合评估，为制定风险应对策略提供依据。

在识别和评估数据安全风险之后，非营利组织可以采取以下措施。

（一）制定风险应对策略

非营利组织应根据风险评估结果，确定风险的优先级和紧迫程度，并制定相应的风险应对策略。这包括制定明确的安全策略、控制措施和安全流程，明确责任和权限，以降低风险的发生概率和影响程度。例如，建立严格的访问控制机制，设置敏感数据的访问权限；采用加密技术保护数据的机密性；配置防火墙和入侵检测系统，及时识别和阻止潜在的网络攻击等。

（二）加强安全防护措施

非营利组织应采取一系列的安全防护措施来防止未经授权的访问和数据泄露。这包括，建立健全的访问控制机制，确保只有经过授权的人员才能访问敏感数据；使用加密技术对数据进行保护，防止数据在传输和存储过程中被窃取或篡改；配置和更新防火墙和安全设备，阻止潜在的网络攻击和恶意软件的入侵。

（三）增强员工数据安全意识

员工是保障数据安全的关键环节，他们需要了解数据安全的重要性，掌握安全最佳实践，并能够识别和应对安全威胁。非营利组织可以开展定期的培训和教育活动，以提高员工对数据安全的认知和意识，教授安全操作的技能和方法，以减低内部风险发生的概率。此外，组织应制定明确的安全规范，确保员工遵守规定，并建立举报机制，鼓励员工报告安全事件和异常情况。

（四）定期评估和监控

非营利组织应建立定期的数据安全评估和监控机制，以及时发现和处理潜在的安全威胁。这包括，定期进行安全漏洞扫描和系统日志监控，识别和修补潜在的安全漏洞；实施异常行为检测，及时发现可疑的活动和攻击行为；进行定期的内部和外部安全审计，评估安全措施的有效性和合规性。

三、数据安全保护的技术与措施

为保护会计数据的安全，非营利组织可以采取多种技术和措施，以确保数据的完整性、机密性和可用性。数据安全保护可采用的技术和措施，如图 4-5 所示。

图 4-5　数据安全保护的技术措施

（一）访问控制

访问控制是一项重要的数据安全措施，用于限制用户对会计数据的访问，以确保只有被授权的用户才能够获取和修改敏感数据。

1. 基于角色的访问控制（role-based access control，RBAC）

RBAC 是一种常见的访问控制模型，它通过将用户分配到不同的角色再为每个角色分配特定的权限这种方式，来管理数据的访问权限。非营利组织可以根据员工的职责和岗位，将其分配到合适的角色，并根据角色，设置数据的访问权限。例如，只有财务部门的员工才能访问和编辑财务报表，而其他部门的员工只能查看相关数据。

2. 强化密码策略

强化密码策略是进行访问控制的重要组成部分。非营利组织可以制定密码策略，要求员工设置强密码，并定期更改密码。密码策略可以包括以下要求。

（1）密码长度要求：要求密码长度达到一定的字符数，通常推荐 8 个或更多字符。

（2）复杂性要求：密码应包含大小写字母、数字和特殊字符的组合，以增加密码的复杂度。

（3）密码有效期：设定密码的有效期限，例如，每 3 个月强制用户更改一次密码。

（4）密码历史记录：限制用户不能在一定的时间内重复使用之前的密码。

3.多因素身份验证

多因素身份验证是一种提高身份验证安全性的措施，通过结合多个因素来验证用户的身份。除了常见的密码，还可以引入其他因素，如指纹、智能卡、短信验证码等。这样，即使密码被泄露，仍需要额外的因素进行身份验证，提高了系统的安全性。

（二）加密技术

加密技术是一种重要的数据安全措施，指对敏感的会计数据进行加密存储和传输，以保证数据在传输和存储过程中的机密性和完整性。

1.数据加密

数据加密是将原始的会计数据转化为其他用户无法理解的密文形式，只有拥有相应密钥的授权用户才能解密并将之还原为可读的明文数据。加密技术使用数学算法和密钥来对数据进行转换，以保证数据的机密性。常用的加密算法包括对称加密算法和非对称加密算法。

对称加密算法使用相同的密钥来进行数据加密和解密。由于人们在加密和解密的过程中都使用相同的密钥，因此密钥的保密性非常重要。常见的对称加密算法有高级加密标准（advanced encryption standard, AES）和数据加密标准（data encryption standard, DES）等。

非对称加密算法使用一对密钥，即公钥和私钥。公钥用于加密数据，私钥用于解密数据。公钥可以公开分享，而私钥必须保密。常见的非对称加密算法有非对称加密算法（rivest-shamir-adleman, RSA）和椭圆加密算法（elliptic curve cryptography, ECC）等。

2. 文件和数据库加密

为了保护会计数据的机密性，非营利组织可以对数据库和文件进行加密。数据库加密可以通过对整个数据库或敏感的数据字段进行加密来保护数据。文件加密则是对存储在磁盘上或传输过程中的文件进行加密。这样，即使数据库或文件被访问，未经授权的人员也无法获得可读的数据。

3. 通信加密

在数据传输过程中，非营利组织应使用加密协议来保护数据的安全性。常用的加密协议包括安全套接层（secure sockets layer, SSL）和传输层安全性协议（transport layer security, TLS）。这些协议通过使用加密算法对数据进行加密，并建立安全的通信通道，确保数据在传输过程中不被窃取或篡改。

4. 密钥管理

密钥管理是确保加密技术安全有效的重要环节。非营利组织应制定密钥管理策略，相关措施可包括生成强密码的密钥、安全地存储密钥、规定密钥分发和更新的方式等。合理的密钥管理可以保护加密数据的安全性，并防止密钥被未经授权的人员获取。

（三）安全审计和监控

安全审计和监控是保护会计系统数据安全的重要措施，它涉及记录、监测和分析会计系统的操作，以及检测并防止潜在的安全威胁和入侵行为等。

非营利组织应定期记录会计系统的日志，包括用户登录信息、系统操作记录、安全事件等。这些日志记录可以帮助组织追踪和审查系统的活动，并为安全事件的调查和追溯提供证据。通过分析日志数据，非营利组织可以及时发现异常活动和安全威胁，并采取相应的应对措施。

非营利组织可以部署入侵检测系统（intrusion detection system, IDS）和入侵防御系统（intrusion prevention system, IPS），以监测和阻止潜在的网络入侵。IDS 可以监测网络流量和系统事件，识别异常行为和攻击特征，并及时发出警报。IPS 则可以主动阻止恶意行为的发生，对入侵进行拦截和阻止。通过使用这些系统，非营利组织可以提前发现并应对潜在的安全威胁。非营利组织还要建立安全事件响应机制，包括制定相应的应急计划和流程，以应对可能发生的安全事件。这包括及时调查、确认和隔离安全事件，恢复受影响的系统和数据，并采取措施避免类似事件再次发生。同时，非营利组织还应与安全团队、第三方安全服务提供商等建立合作关系，以获取专业的技术支持和响应。

非营利组织还应当定期进行安全评估和渗透测试，对会计系统进行全面的安全检查和评估。这可以通过内部的安全团队或第三方安全服务提供商来进行，以发现系统中的潜在漏洞和弱点，并提出相应的修复建议和改进措施。

（四）数据备份和恢复

数据备份和恢复是保护会计数据安全的重要措施。它涉及将会计数据进行定期备份，并存储在安全的地点等内容，可以防止数据丢失或损坏。

非营利组织应制定定期备份策略，根据数据的重要性和变化频率，设定备份的时间间隔。备份范围可以是整个会计系统的数据，包括数据库、文件和配置信息等。规定备份的频率时可以参考组织的需求和风险承受能力，通常建议至少每日进行一次备份。

备份数据应存储在安全的地点，以防数据被盗或损坏。非营利组织可以将备份数据存储在离线设备、加密存储介质或云存储服务中。重要的是确保备份数据不易受到物理损害、恶意软件的攻击或未经授权的访问的影响。

非营利组织应定期进行数据恢复测试，以验证备份数据的完整性和可用性，可以通过模拟数据丢失的情况，并使用备份数据进行恢复，来验证备份的有效性和恢复的可行性。这有助于组织发现备份过程中的潜在问题，并及时进行修复和改进。

非营利组织要制定合理的备份策略和存储管理方案，确保备份数据的完整性和可靠性。这包括备份的存储周期管理、备份数据的版本控制、备份数据的加密和访问控制等。同时，组织在制定相关方案时，也应考虑备份数据的保留期限和归档要求，应满足合规性和法律法规的要求。

（五）安全培训和意识

非营利组织应定期组织安全培训和教育活动，提高员工的数据安全意识，并传达组织安全规定的内容。培训内容可以包括数据分类和敏感性评估、安全意识的提高、安全最佳实践的介绍等。培训活动可以采用多种形式，如面对面培训、在线培训、分发培训手册和示范等，以满足不同员工的学习需求。安全培训不仅应提供理论知识，还应为员工提供实际操作的机会和示范，通过模拟场景和案例研究，让员工实际操作并体验保护数据安全的流程和措施，以提高他们的应对能力和实际操作技能水平。

非营利组织应制定明确的安全规定，明确员工在处理会计数据时的责任和义务。这包括规定敏感数据的访问权限、密码策略、数据传输和存储的规范，以及报告安全事件和违规行为的程序等。安全规定应以易于理解和遵守的方式编写，并定期进行审查和更新，以确保其与时俱进，能适应组织的需求。安全培训和意识提升是一个持续的过程。非营利组织应进行持续监督和评估，了解员工对数据安全的理解和落实情况，并及时提供反馈和建议。这可以通过定期的安全意识调查、安全事件的模拟演练和员工的安全合规考核等方式进行。

四、数据安全的审核与监控

在非营利组织中，会计数据的安全管理是一项至关重要的工作。因为这不仅涉及组织的财务管理，还直接影响到组织的信誉和合规性。在数据安全管理中，审核与监控是两个核心环节。非营利组织通过定期的审核和监控，可以确保数据安全措施的有效性，及时发现潜在的安全问题，并采取相应的措施进行改进和应对。

内部审核是数据安全管理的第一道防线。非营利组织可以通过设立内部审核机制，对会计数据的安全管理情况进行定期的审查和评估。内部审核的主要工作包括数据访问权限的审查、系统配置的合规性检查以及安全措施的有效性评估。每个环节都是保障数据安全的重要组成部分。

数据访问权限是数据安全管理的基础。正确的权限设置可以有效地防止未经授权的访问和数据泄露。因此，内部审核时，非营利组织应对数据访问权限进行严格的审查，确保只有有权限的人员才能访问到相关数据。同时，要定期审查权限设置，防止权限滥用或者未授权访问的发生。

系统配置的合规性则是保障系统安全运行的重要条件。错误的配置可能导致系统出现安全漏洞，从而被攻击者趁虚而入。因此，在内部审核时非营利组织应该定期检查系统配置，确保其满足安全要求，及时修复潜在的安全漏洞。

安全措施的有效性是保障数据安全的关键。如果安全措施不能有效防止安全威胁，那么数据就可能面临安全风险。因此，内部审核应该定期评估安全措施的有效性，及时调整和改进安全措施，提高其防御能力。

外部审计则是数据安全管理的重要补充。通过委托独立的第三方机构进行审计，非营利组织可以得到独立的审查和评估结果，这对于提高数据安全管理的透明度和公正性是非常有帮助的。外部审计机构会对组织的数据安全管理情况进行全面的审查和评估，包括安全策略的合规性、数据访问控制的有效性以及安全事件的处理情况等。这些都是衡量数据安全管理水平的重要指标。外部审计的结果能够为组织提供独立的意见和建议，帮助组织进一步完善数据安全管理策略。

　　监控和警报系统则是数据安全管理的又一层保障。通过设立监控和警报系统，组织可以对会计系统的安全事件和异常活动进行实时监测并获得及时示警。这可以通过使用安全信息与事件管理系统以及入侵检测系统等技术手段来实现。这些系统能够对会计系统的操作进行实时监控，一旦发现异常行为，就会立即发出警报，从而引起组织的注意。通过这种方式，组织可以及时发现潜在的安全问题，及时采取措施进行应对。

五、数据泄露的应对策略

　　尽管非营利组织采取了一系列的数据安全保护措施，但数据泄露的风险仍然存在。在面对数据泄露时，非营利组织需要采取相应的应对策略，以减少损失。其具体做法，如图 4-6 所示。

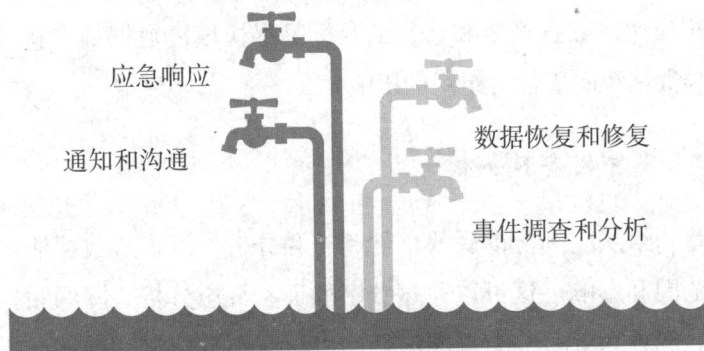

图 4-6　数据泄露的应对策略

（一）应急响应

　　非营利组织需要建立健全的应急响应机制，确保在数据泄露事件发生时能够快速、有效地进行处置。这包括指定应急响应团队和明确的责任人，制定应急响应计划，明确沟通渠道和联系方式等。应急响应计划应包括紧急演练，以确保团队成员对应急流程和措施的熟悉和熟练掌握。
通过及时的应急响应，非营利组织可以迅速止损并恢复正常运营。

（二）通知和沟通

在发生数据泄露事件后，非营利组织应及时通知受影响的个人或组织，并向监管机构报告。通知的内容应包括数据泄露的情况、可能的影响和建议措施。通过及时而透明的沟通，非营利组织可以增强和受影响方之间的信任，也能够与监管机构保持良好的合作关系，协助调查和处理相关事宜。

（三）数据恢复和修复

在发生数据泄露事件后，非营利组织应立即采取措施进行数据恢复和修复，以尽快恢复正常的数据环境。这些措施包括还原备份数据、修复系统漏洞、更改访问权限等。同时，组织应加强安全控制，确保类似事件不再发生。数据恢复和修复的目标是尽快恢复数据的完整性和可用性，减少数据泄露事件对组织的影响。

（四）事件调查和分析

非营利组织应进行彻底的事件调查和分析，以了解数据泄露事件的原因、范围和影响。这可以通过数字取证、日志分析、漏洞扫描等手段来进行。调查和分析的结果能够帮助组织识别数据泄露的漏洞所在和薄弱环节，并采取相应的改进措施，防止类似事件再次发生。

六、数据安全的法律与道德考量

在进行数据安全管理时，非营利组织需要充分考虑相关的法律和道德问题。对数据安全的法律与道德考量，在个人隐私保护、数据保密性、数据使用和共享的合规性等方面发挥着重要的作用。

（一）法律合规性

1. 个人隐私保护

非营利组织应遵守有关个人隐私保护的法律法规，如《中华人民共和国个人信息保护法》《中华人民共和国网络安全法》等。组织需要明确个人信息的收集、使用、存储和处理规则，并取得数据主体的明确同意和授权。合规性要求组织确保个人信息的机密性和安全性，不得未经授权披露或滥用个人信息。

2. 数据保密性

非营利组织需要遵守相关的商业秘密保护法律，确保会计数据的保密性。组织应制定保密规定和相关措施，对具有商业敏感性和竞争优势的会计数据进行保护。同时，非营利组织应对内部人员进行保密培训并与之签署保密协议，防止数据被泄露和滥用。

3. 数据处理和存储合规性

非营利组织应确保会计数据的处理和存储符合相关法律法规的规定。这包括合规地采集、记录、存储和备份会计数据，遵守数据保留和销毁的规定。组织需要确保数据存储的安全性，采取相应的技术和措施，防止数据被未经授权的用户访问或篡改。

（二）道德责任

1. 保护个人隐私

非营利组织应承担保护个人隐私的道德责任。这意味着组织应将个人隐私保护放在首位，采取合理的措施确保个人信息的保密性和安全性。组织应遵循数据最小化原则，仅收集和使用必要的个人信息，并确保数据的合法性、正当性和透明性。

2. 诚信和透明

非营利组织应本着诚信和透明的原则处理会计数据。这包括准确记录和报告会计数据，遵守财务规范和会计准则。组织应确保会计数据的真实性和完整性，不得故意歪曲或隐瞒信息。同时，组织应公开透明地向相关方披露财务信息，增强公众对组织的信任。

3.道德教育和文化建设

非营利组织应加强道德教育和文化建设，提升员工的数据安全和隐私保护意识。通过培训和引导，组织能够使员工深入了解数据安全的重要性和相关道德标准，从而增强他们在处理会计数据时的道德责任感。

（三）数据使用和共享

1.合法授权和同意

非营利组织在使用和共享会计数据时，应确保有合法的授权和同意。这意味着组织需要明确数据使用的目的，并取得相关方的明确同意。组织不得超出授权范围使用数据，也不得未经授权与其他机构共享数据。

2.合规共享和转移

非营利组织在共享和转移会计数据时，应遵守相关法律和规定。组织应确保共享数据符合合规性要求，保护数据的安全性和完整性。在数据共享过程中，组织需要与共享方签订明确的合作协议，明确数据的使用规则和限制，以确保数据的合法性和安全共享。

非营利组织在进行数据安全管理时，需要充分考虑数据安全的相关法律和道德要求。通过遵守相关法律法规、遵循道德原则、确保数据的合法使用和共享，非营利组织可以更好地保护会计数据的安全，并尽可能地规避法律风险和道德风险。同时，非营利组织将数据安全纳入组织的价值观和文化中，也能提升自身的声誉，树立良好的社会形象。

第五章　新时代下非营利组织会计人才培养

第一节　新时代下非营利组织会计人才素质要求

一、新时代的会计人才素质要求

这个充满变革与挑战的新时代，对非营利组织会计人才素质的要求更为严格，也更为全面。新时代的会计人才素质要求，既包括对传统的会计核算能力的要求，也包括对管理会计、成本会计等新领域知识结构的掌握的要求，更包括对新兴事物的认识、接纳和应用能力的要求。新的管理工具、新的商业模式、新的技术手段，都在以前所未有的速度改变着会计的工作方式和工作内容。因此，理解和掌握这些新知识、新技能，已经成为会计人才生存和发展的必要条件。

然而，仅有专业技能并不足以应对新时代带来的挑战，会计人才还需要具备全局视野和战略思维。新时代的非营利组织会计人才，需要具备跨学科的知识结构和深度思考的能力，以便更好地理解和分析复杂的经济环境和社会问题，为组织提供有价值的决策建议。

新时代的非营利组织会计人才还需要有良好的职业道德和社会责任意识。会计人才不仅需要对法律法规有深入的理解和尊重，还需要对公众利益有高度的敬畏。其具体工作直接影响到组织的公信力和公众的利益，因此非营利组织会计人员需要具备良好的道德品质和职业操守，这样才能够为社会创造真正的价值。

在新时代背景下，会计人才还需要有创新和批判性思维。面对日新月异的环境变化和技术发展，会计人才需要有创新的思维，以便寻找解决问题的新方法和新手段。会计人才还需要有批判性的思维，以便识别并排除那些可能损害公众利益的错误观念和做法。

新时代对非营利组织会计人才的素质要求，是多元化、全面化和深度化的。为了满足这些要求，会计人才需要持续地学习和进步，需要有自我反思和自我批判的能力，需要有对新知识、新技能的敏感性和接纳能力，更需要有为公众利益服务的决心和勇气。

二、非营利组织的特性及组织对会计人才的特殊需求

（一）非营利组织的具体特性

1. 社会公益性

非营利组织的首要目标是服务社会和公众利益，而不是追求盈利。它们致力于解决社会问题、满足公众需求，以推动社会的进步和发展。

2. 非所有权性

非营利组织的资产和财产属于公众或特定利益相关者，而非个人或私人所有。它们的经济利益不能被个人占有或用于个人的利益追求。

3. 自愿性和独立性

非营利组织的成立和运作基于自愿参与和独立自主的原则。非营利组织独立于商业利益和政治力量，具有自主决策权和行动自由。

4.公共信任和透明度

非营利组织的运行依赖于公众的信任和支持，因此需要保持较高的透明度和公开性。组织需要及时向公众披露财务信息、活动进展和决策过程，以展示其合法性、合规性和活动效果。

5.多元化的利益相关者

非营利组织的活动涉及多种利益相关者，包括政府、捐助者、志愿者、受益者等。组织需要平衡不同利益相关者的需求和期望，协调各方利益，以实现组织的使命和目标。

6.长期性和可持续性

非营利组织通常追求长期的社会影响和可持续的发展。它们致力于解决长期存在的社会问题，注重长远的规划和战略，以确保组织的长期稳定和可持续性。

（二）基于特性对人才的特殊需求

1.秉承非营利组织核心价值观

会计人才应理解并践行非营利组织的核心价值观，即社会公益性、非所有权性、自愿性及独立性。这不仅关乎职业道德，HIA 直接影响到会计人员对会计工作的理解和执行。非营利组织会计的工作态度和行为应以服务社会公众利益为首要目标，尊重组织的资产财产归属。非营利组织会计应自愿参与组织运作，并保持决策独立。对于道德与经济困境的处理，非营利组织会计要能够秉持核心价值观，做出符合组织利益的决策。

2.保证高度的公众信任与透明度

公众信任和透明度对非营利组织至关重要。会计人才应具备较高的道德操守，对内外部相关人员进行及时、准确、全面的财务和运营信息披露。信息披露需遵守相关法律法规及道德规范，以保障信息的真实性和准确性，维护组织的公信力。

3. 与利益相关者的沟通协调能力

非营利组织涉及众多利益相关者，如政府、捐助者、志愿者、受益者等。会计人才需具备出色的沟通和协调能力，理解满足各方的需求和期望，平衡和协调各方利益，以实现组织的使命和目标。

4. 长期规划和战略思维能力

非营利组织追求长期的社会影响和可持续的发展。会计人才应具备长远的规划能力，要能从战略层面出发，考量和规划组织的财务状况和发展路径，以确保组织的长期稳定和可持续性。

三、建立适应新时代的会计人才评价体系

（一）评价体系的重要性

评价体系对于新时代会计人才的重要性在于，它能够全面评估会计人才的能力，并使其适应新时代对其的特殊需求。传统的评价体系往往注重会计人员的专业知识和技能，而忽视对综合能力、道德责任和创新能力等方面的评估。然而，新时代背景下，会计工作环境的变化和非营利组织的特性，要求会计人才具备更全面的素质和能力。

新时代对会计人才的特殊需求涉及非营利组织特性、新兴技术和业务模式的变革。由于非营利组织以公益为宗旨，因此其会计人才需要理解和提高组织的社会价值，并具备良好的道德责任感和职业操守。此外，新兴技术和业务模式的发展对会计工作产生了重要影响，会计人才需要不断学习和掌握新的知识和技能，如大数据分析、人工智能等，以适应新时代的工作要求。

传统评价体系在综合能力、道德责任和创新能力等方面的考查上存在局限性。传统评价主要关注会计人员的专业知识和技能水平，忽视对综合能力的培养。在新时代，会计人才需要具备良好的分析能力、沟通能力和团队合作能力，以适应复杂多变的会计环境。道德责任和职业操

守对会计人员来说尤为重要，而传统评价体系往往难以全面评估会计人员的道德素质。创新能力是新时代会计人才必备的素质，然而传统评价体系对创新能力的评估也存在不足。

因此，建立适应新时代的会计人才评价体系具有重要意义。新时代会计人才评价体系应该建立在对会计人才的综合能力、道德责任和创新能力等多个方面进行考查的基础上，以全面评估会计人才的能力。它应该强调会计人才综合素质的重要性，包括分析能力、沟通能力、团队合作能力以及道德责任和职业操守。同时，评价体系应该重视对创新能力的培养和评估，鼓励会计人员不断提升自己的创新能力和适应能力。

（二）新时代会计人才评价体系的构建原则

1. 多维度评价

传统的评价体系往往只关注会计人员的专业知识和技能，而忽视对其他重要能力的评估。然而，新时代的会计工作环境愈发复杂，会计人才需要具备更全面的素质和能力。因此，评价体系应该涵盖多个维度，包括知识、技能、道德责任、创新思维、沟通与协作等，以全面评估会计人才的能力。

2. 职业道德和社会责任

会计人员承担着重要的社会责任，他们的工作直接关系到组织的公信力和公众的利益。因此，评价体系应该重视会计人员的道德责任感和职业操守。会计人员需要遵守相关的法律法规，尊重公众利益，同时要有高度的职业操守，以确保会计工作的合规性和道德性。

3. 知识和技能的全面性

会计人员需要具备丰富的知识和技能，并且，这些知识和技能并不仅仅局限于会计核算和财务管理方面，还需要涵盖管理会计、成本会计等新领域的知识结构。此外，会计人才还需要具备创新思维和适应能力，以应对日新月异的环境变化和技术发展。

4. 沟通与协作能力的培养

会计人员往往需要与各个利益相关者进行有效沟通和协作，所涉利益相关者包括组织内部的不同部门和外部的合作伙伴。因此，评价体系应该考察会计人员的沟通和协作能力，以确保他们能够与他人有效地合作和交流，以更好地推进组织的决策过程和发展。

5. 反思与自我发展

会计人员应当具备持续学习和自我提升的意识，不断反思，并提高自己的能力和素质。评价体系应该给会计人才提供反馈和发展的机会，鼓励他们参与培训和学习，制定个人发展计划。

四、跨学科知识和技能的培养

在新时代下，对非营利组织会计人才的培养需要注重跨学科知识和技能的培养，以应对快速变化的社会和经济环境的挑战。对跨学科知识和技能的培养是确保会计人才具备全面能力的重要举措，有助于提升他们在非营利组织中的专业水平，有利于组织的可持续发展。

跨学科知识的培养涉及多个学科领域。会计人才需要深入了解管理学、经济学、法律学、社会学等学科的基本概念和理论，以便在实践中能够综合运用这些知识解决复杂的会计和财务问题。例如，通过学习管理学，会计人才可以了解组织的战略目标、运营管理和领导力等方面的知识，从而更好地为财务决策提供支持和指导。

跨学科技能的培养包括批判性思维、创新能力和沟通能力等方面。批判性思维能力使会计人才能够对财务信息进行深入的分析和评估，提供准确可靠的财务报告和建议。创新能力使会计人才能够积极应对变化，勇于尝试新的解决方案，并在组织中推动改进和创新。沟通能力使会计人才能够与不同背景和专业领域的人进行有效合作和沟通，促进信息的共享和理解。对这些跨学科技能的培养有助于会计人才更好地适应新时代的要求，并在非营利组织中发挥更大的作用。

对跨学科知识和技能的培养还需要强调对实践能力的培养。通过参与实践活动，如实习、项目合作等，会计人才可以将所学到的知识和技能应用于实际情境中，加深对理论的理解，并提高解决问题的能力。对实践能力的培养使会计人才能够更好地应对实际挑战，并在真实的工作环境中不断成长和发展。

五、职业道德和社会责任意识的培养

对职业道德和社会责任意识的培养是任何行业的人才培养都不可缺少的一个方面，并且对非营利组织会计人才培养尤其重要。在全球化、信息化、知识经济时代背景下，会计工作的复杂性和挑战性不断增加，这对会计人才的职业道德和社会责任意识的要求也变得更高。

（一）职业道德和社会责任意识培养的重要性

在工作中非营利组织会计人才并不是只需要运用专业技能，在各种决策中，他们都扮演着关键的角色。从社会公益项目的经费管理到组织内部的财务透明度维护，这些工作都需要他们以高尚的职业道德和强烈的社会责任意识为指引来完成。在非营利组织的工作环境中，会计人才的职业道德和社会责任意识对组织的公信力、可持续性以及组织对社会公益事业的贡献具有决定性的影响。

高尚的职业道德可以帮助会计人才在面对众多的利益相关者时，坚守公正、公平和透明的原则，维护非营利组织的公信力和声誉。他们的决策和行为直接关系到组织的公开性和透明度，影响公众对组织的信任度和支持度。因此，培养具有高尚职业道德的会计人才，对于非营利组织来说至关重要。

另外，强烈的社会责任意识能促使会计人才始终牢记非营利组织的使命和目标，以公益事业的需求为导向，为公众利益服务。他们应该具备高度的社会责任感，关注社会问题，以推动社会公益事业的发展为己任。只有拥有强烈的社会责任感的会计人才，才能在复杂变化的环境中，坚持公益原则，将组织的资源有效地投入公益事业之中，真正实现组织的社会价值

（二）具体实现路径

在非营利组织中，提升会计人才的职业道德和社会责任意识，不仅有助于提升组织的整体形象和社会责任实践效果，还有助于培养出更具职业素养和社会责任感的会计人才。其具体做法，如图 5-1 所示。

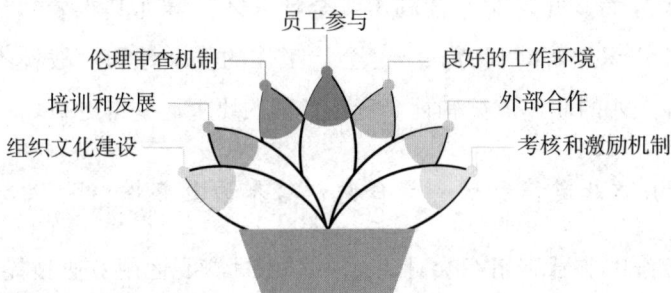

图 5-1　职业道德和社会责任意识培养的具体路径

1. 组织文化建设

非营利组织需在内部构建强调职业道德和社会责任的组织文化，通过使命陈述、价值观、行为准则等形式明确提出职业道德和社会责任的重要性，并将其纳入组织的日常运营和决策过程。

2. 培训和发展

组织应定期开展职业道德和社会责任相关的培训，强化员工的职业道德和社会责任意识。同时，组织应通过职业发展规划和激励机制，鼓励员工积极参与社会活动，提升其社会责任意识。

3. 伦理审查机制

设立专门的伦理审查机制，定期或不定期对组织内部的工作进行审查，发现并纠正违反职业道德和逃避社会责任的行为，公开审查结果，以强化会计人员的职业道德和社会责任意识。

4. 员工参与

鼓励员工参与非营利组织的决策过程，尤其是与社会责任相关的决策。让员工有机会亲身体验并理解自身行为对社会的影响，提升其社会责任意识。

5. 良好的工作环境

营造互相尊重、公平、公正的工作环境，尊重员工的权益，保护员工的工作热情，激发其积极性，从而增强其职业道德和社会责任感。

6. 外部合作

非营利组织可以与其他组织或机构合作，共同开展致力于履行社会责任的项目，提供机会让员工参与并深入理解社会责任的意义。

7. 考核和激励机制

建立以职业道德和社会责任为重要评价指标的考核和激励机制，鼓励和奖励表现优秀的员工，以此引导和激励员工提升职业道德和社会责任意识。

六、创新与批判性思维的引导

在新时代背景下，非营利组织会计人才的培养应该以鼓励创新和批判性思维的理念为指导。当今的全球化、信息化趋势和知识经济给非营利组织会计带来了前所未有的机遇与挑战，因此会计人才的培养也需要适应这种新的环境。创新和批判性思维为非营利组织会计人才提供了应对这些变化的关键能力。

创新是推动社会发展和进步的重要动力。在非营利组织会计人才培养过程中，鼓励创新可以激发会计人才的创新精神和能力，推动他们跳出传统的思维框架，积极学习和尝试新的会计方法和技能，以更好地满足非营利组织的特殊需要。例如，在面对非营利组织的特有问题，如资金筹集、成本控制、效果评估等方面的问题时，会计人才需要具有创新的视角和手段，要能提出并实践新的解决方案。此外，非营利组织的运作方式、管理方式、文化和价值观等都与商业组织有所不同，会计人才只有具备创新的意识，才能在这种特殊的环境中发挥出最大的价值。

与创新相辅相成的，是批判性思维。批判性思维是人理解和评估问题所需的关键能力。对批判性思维的培养是会计人才的培养中尤为重要的一部分。在非营利组织会计人才培养的过程中，批判性思维可以帮助会计人才提高识别问题、分析问题和解决问题的能力。他们不仅需要了解和掌握会计的基本原理和技巧，还需要具备独立思考、分析问题、制定策略的能力。特别是在面对复杂的会计问题和挑战（如非营利组织的资金管理、项目预算、内部控制等）时，会计人才需要通过批判性思维理解问题的本质，评估各种可能的解决方案，然后做出最佳的决策。这种能力不仅能够提高会计工作的效率和质量，还能够提高非营利组织的整体运作效率。

第二节　产学研协同培养非营利组织会计人才

一、产学研协同培养模式的理论分析

产学研协同培养模式是当前教育改革的重要组成部分，它结合了产业界、学术界和研究界的力量，旨在培养出具有实践能力、理论知识和创新思维的高级人才。该模式的实质是突破传统教育模式的限制，将学习、实践和研究紧密结合起来，使学生在学习的过程中获得全面的发展。产学研协同培养模式在理论上具有合理性和有效性，是可以运用于非营利组织会计人才培养的一种有效方式。这种模式能够提供一个集理论、实践、研究于一体的学习环境，有助于学生全面掌握会计知识和技能，提高学生素养。

在理论上，产学研协同培养模式是以认知主义和建构主义的学习理论为基础的。认知主义理论认为，学习是一种主动的、有目的的信息处理过程，学生需要通过实践活动来构建和改变自己的知识结构。建构主义理论认为，学习是一个社会性、建构性的过程，学生需要在真实的环境中，通过与他人的交往，以及反思和解决问题的过程，来建构自己的知识系统。

产学研协同培养模式正是基于这样的理论基础，将学习、实践和研究结合起来的。在这个模式下，学生不再是被动接受知识的容器，而是主动构建知识的参与者。他们通过在真实的工作环境中实践，通过与教师和同学的交流，通过对问题的研究和解决，来建立自己的知识体系，提高自己的技能水平。

产学研协同培养模式不仅有利于学生的个人发展，还有利于非营利组织和社会的发展。通过这种模式，学生可以将学习到的知识和技能直接应用到工作中，有助于提高非营利组织的运营效率和服务质量。同时，学生可以将在工作中遇到的问题带回学校，进行新的学术研究，这有助于推动会计学科和非营利组织管理学科的发展。

二、产学研协同培养模式的实施路径

产学研协同培养模式的实施路径，是在理论和实践相结合的基础上，积极推进学校、企业和科研机构的深度合作，共同培养符合社会需求的非营利组织会计人才。这种模式要求各方都做出积极的努力，以实现教育资源、实践平台和研究支持的有机结合。

建立合作关系是实施产学研协同培养模式的第一步。在全球化和信息化的今天，学校、企业和研究机构需要跨越传统的界限，建立互利共赢的合作关系。学校需要把握教育改革的方向，积极推动产学研合作，将企业和研究机构的实践和研究成果引入课堂，为学生提供更丰富的学习资源和更多实践机会。企业和研究机构则需要积极参与学校教育，提供实习和研究项目，以培养符合企业需求和社会发展趋势的会计人才。此外，各方还需要建立有效的合作机制，包括信息交流机制、决策机制和评价机制，以确保合作的顺利进行和具体环节的持续优化。

设计培养方案是实施产学研协同培养模式的关键环节。根据非营利组织会计的职业要求和发展趋势，各方需要共同设计合理的培养方案。培养方案需要明确培养目标，其中应既包括对知识和技能的掌握要求，也包括创新和批判性思维的发展目标。同时，培养方案还需要规划学习内容和实践活动，以保证学生在理论学习的同时，有充足的机会进行实践和研究。此外，培养方案还需要设定评价标准和激励机制，以引导和激励学生积极参与学习和实践，不断提高自身的知识水平和技能水平。

实施培养活动是实施产学研协同培养模式的主要内容。在合作伙伴的支持和指导下，学校需要组织各种培养活动，包括课堂教学、实地实习、课题研究等。在这个过程中，教师需要发挥引导和支持的作用，帮助学生理解和掌握学习内容，提高实践技能，发展创新思维。企业和研究机构则需要提供实习和研究的机会，给学生提供真实的工作环境和研究平台，让学生在实践中学习、成长。

进行评价和反馈是实施产学研协同培养模式的重要环节。学校需要对学生的学习效果、企业的服务质量、合作关系的维护情况等进行全面的评价，以便对产学研协同培养模式的实施效果进行准确的评估。根据评价结果，学校可以调整合作关系，优化培养方案，改进培养环节，从而不断提高产学研协同培养的效果。

产学研协同培养模式的实施，是一项长期、复杂的任务，需要学校、企业和研究机构的共同努力和持续投入。只有这样，才能实现教育资源、实践平台和研究支持的有机结合，实现非营利组织会计人才的高质量培养，满足社会的需求和非营利组织发展的需要。

三、高校与企业的深度合作

产学研协同培养模式的核心是高校与企业的深度合作。这种深度合作不仅包括资源共享，还包括知识交流，以及人才的共同培养。在非营利组织会计人才培养中，这种深度合作有其特殊性和重要性。

非营利组织的性质决定了高校与企业的合作模式。非营利组织不以盈利为目标，其业务涉及社会公益，其会计职能既包括常规的财务管理，也包括对组织社会影响的评估。因此，高校在与非营利组织合作时，除了提供专业的会计教育，还需要提供结合公共事务管理、社会科学等学科的跨学科教育。

非营利组织的发展趋势决定了高校与企业的合作内容。当前，非营利组织面临的主要挑战包括资源紧张、治理透明度低、公众信任度不高等。这些挑战要求非营利组织提高运营效率，提高治理水平，提高服务质量。因此，高校在与非营利组织合作时，除了提供会计知识的教授和技能的培养，还需要提供战略管理、公共关系、社会营销等相关知识的教授和技能的培养。

产学研协同培养模式决定了高校与企业的合作方式。在这个模式下，高校和企业不再是简单的合作方，而是共同培养人才的伙伴。他们需要在合作中共享资源、共担风险、共享成果。在此基础上，二者需要建立合作机制，包括信息交流机制、决策机制、评价机制，以确保合作的顺利进行。

高校与非营利组织的深度合作，对非营利组织会计人才的培养有积极的影响。它可以为学生提供适宜的学习环境和真实的工作体验，还有丰富的研究素材，从而使学生在学习、实践和研究的过程中，全面掌握会计的知识和技能，提高个人素养。此外，它还可以推动高校教学改革，推动非营利组织发展，推动会计学科发展，推动社会公益事业发展。

高校与非营利组织的深度合作，是产学研协同培养模式的重要内容。要实现这种深度合作，需要各方的共同努力、政策的支持，还需要社会的理解和认同。在这个过程中，高校和非营利组织既是合作伙伴，也是互助伙伴，二者共同推动非营利组织会计人才的培养，共同推动社会公益事业的发展。

四、研究生教育与实践的整合

研究生教育在非营利组织会计人才培养中占据重要地位，实践更是研究生教育中不可或缺的一环。在实践中，研究生可以将所学到的理论知识与实际情况相结合，提高解决实际问题的能力，加深对非营利组织会计的理解，从而为日后进入非营利组织从事会计工作打下坚实基础。然而，如何将研究生教育与实践进行有效整合，是产学研协同培养非营利组织会计人才所面临的重要问题。

从认知学理论来看，人是通过感知、理解和应用来构建知识的。因此，在研究生教育中，高校应组织多种形式的实践活动，如实地调查、案例分析、实习等，让研究生在实践中体会非营利组织会计的特点和规律，学习理解非营利组织会计的知识和技能，应用非营利组织会计的工具和方法，从而构建完整的非营利组织会计知识体系。

在行动学习理论中，人是通过思考、行动和反思来培养能力的。因此，在研究生教育中，高校应提供多种机会，让研究生在非营利组织中进行会计工作，思考会计问题，采取会计行动，反思会计效果，从而培养其解决非营利组织会计问题的能力。

就情景学习理论而言，人的素养是通过参与、交流和反思而获得提升的。因此，在研究生教育中，高校应构建多种情境，让研究生在非营利组织中参与会计决策，交流会计经验，反思会计价值，从而培养学生专业的非营利组织会计素养。

在这些理论和策略的指导下，高校可以采取以下措施来实现研究生教育与实践的整合。

（一）建立合作平台

高校可以与非营利组织建立长期稳定的合作关系，进而为研究生提供实习实践的平台，使研究生有更多机会亲身参与非营利组织的会计工作。同时，学校可以安排专门的辅导教师或企业导师，对研究生在实习实践过程中遇到的问题进行指导和解答，帮助研究生积累实践经验并提高其在实习过程中的学习效率。

（二）实践案例融入教学

高校应加强与非营利组织的交流与合作，在课堂教学中引入非营利组织的实际案例，让研究生在学习理论的同时，深入了解非营利组织会计的实际运作规律，加强理论与实践的结合。此外，高校和非营利组织可以组织定期的研讨会和座谈会，让研究生与非营利组织的会计专业人士面对面交流，分享经验，提高研究生对非营利组织会计实践的认识。

（三）信息化支持

高校可以充分利用信息化手段，搭建线上线下相结合的实践教学平台，为研究生提供更多样化、更便捷的实践机会。例如，高校可以与非营利组织合作，开发模拟实训系统，让研究生在虚拟环境中进行非营利组织会计实践；高校还可以开展远程实习，让研究生通过网络协作，为非营利组织提供会计服务。这样既可以突破地域限制，扩大研究生的实践范围，又可以提高研究生实践的针对性和灵活性。

（四）评价与激励机制

高校应注重对研究生实践能力的评价，将实践经历和成果纳入研究生培养的绩效考核体系，通过设立奖学金、优秀实习生荣誉等激励措施，激发研究生参与非营利组织会计实践的积极性和主动性。同时，学校可以与非营利组织共同探讨、组织实践成果的推广与应用活动，为非营利组织会计发展贡献智慧和力量。

五、创新实践与技能训练

在非营利组织会计人才的培养过程中，创新实践和技能训练的关系既密切又复杂，需要得到足够的重视和合理的处理。

理论上，创新实践与技能训练有着内在的联系。一方面，创新实践是技能训练的目标，它要求会计人才具有创新意识，敢于挑战传统的会计理念和方法，勇于尝试新的会计技术和工具，以推动非营利组织会计的发展和进步。另一方面，技能训练是创新实践的基础，它要求会计人才掌握必要的会计知识和技能，了解和熟悉会计的工作流程和操作规范，以保证会计工作的准确性和有效性。

实践上，创新实践与技能训练互相支撑，互相激励。一方面，创新实践可以丰富技能训练的内容和形式，提高技能训练的趣味性和挑战性，增强技能训练的效果并提高其效率。例如，开发和应用新的会计软件和系统，可以使会计工作更加智能化和自动化，从而提高会计人才的工作效率和工作质量。另一方面，技能训练可以培养创新实践所需的素质和能力，为创新实践提供思维和手段。例如，培养和提升会计人才的数据分析能力，可以使会计人才更好地发现和解决会计问题，更好地预测和控制会计风险，从而提高非营利组织的经营效益和社会效益。

在新时代的背景下，非营利组织会计人才的培养模式必须结合创新实践和技能训练，这两者的有机结合是培养高质量会计人才的关键。

（一）创新的教育理念和教学模式的基础

创新实践和技能训练的有机结合需要建立在创新的教育理念和教学模式的基础上。项目驱动、问题驱动、案例驱动等新型的学习模式具有鲜明的实践特征和创新元素，可以引导学生将理论知识应用到实践中，提高他们的技能水平。同时，这些学习模式也能让学生在解决实际问题的过程中培养创新精神，从而在实践中学习如何创新。例如，项目驱动的学习模式，可以让学生在完成具体的项目任务中，逐步掌握会计工作的基本流程和核心技能，同时，在解决项目过程中遇到各种问题时，学生也需要发挥创新思维，寻找最佳的解决方案。这种学习模式既提升了学生的技能水平，也锻炼了他们的创新能力。

（二）教学活动的设计和开展

创新实验、创新竞赛、创新实习等活动，为学生提供了在实践中学习和创新的平台。通过创新实验，学生可以在教师的指导下，对会计理论和方法进行实践和创新，从而提高自身的技能水平，同时，这种实践也激发了他们的创新热情和勇气。再如，通过创新竞赛，学生可以在与他人竞争的过程中，不断寻找和尝试新的解决方案，从而锻炼自身的创新能力，也在实践中感受到创新的乐趣和价值。

（三）通过科学的评价机制进行保障

对创新能力、创新成果、创新效益等，是评价机制的重要组成部分。高校应当建立科学的评价机制保障评价的质量。对创新能力的评价，可以让学生清晰地认识到自身的创新能力水平，明确自己需要在哪些方面进行进一步的学习和提高；对创新成果的评价，可以让学生看到自己创新实践的成果和价值，激发他们持续创新的动力；对创新效益的评价，可以让学生了解到创新实践对社会和企业的具体影响，从而认识到创新的重要性。

六、产学研协同培养的成功实践

产学研协同培养的成功实践是理论研究和实践探索的重要环节，它可以提供直观的证据，证明产学研协同培养模式的有效性和优越性。下面将以某高校为例，具体阐述产学研协同培养的成功实践。

某高校位于一个经济发展较快、非营利组织较为活跃的城市，有着良好的地理位置和社会环境。该高校与周边的非营利组织建立了稳定的合作关系，共同开展了一系列的产学研协同培养项目，为会计专业学生提供了丰富的实践机会。

首先，该高校与非营利组织联合设立了"会计实验室"，并在其中开展了一系列的创新实验和技能训练，使学生有机会接触到最新的会计技术和工具，有机会解决实际的会计问题。"会计实验室"的设立为学生提供了一个实践和学习新技术的场所。这个实验室不仅使学生有机会亲身参与解决实际的会计问题，而且使他们能够接触到最新的会计技术和工具。通过这种方式，他们能够将在课堂上学到的理论知识运用到实践中，从而加深理解，提高自身技能水平。同时，这个实验室也为非营利组织提供了技术支持，让学生有机会了解并参与到非营利组织的运作中。这是一种实质性的双赢。

其次，该高校与非营利组织共同开发了"会计实习"项目。"会计实习"项目提供了一个宝贵的机会，让学生有机会进行会计工作的实际操作。这种实习经历对于他们的职业技能的提升以及社会责任感的增强都有着不可估量的价值。它使学生有机会理解和应对实际工作中的问题，同时，这种实践也有助于激发学生的潜能和学习兴趣，从而为他们的未来职业发展打下坚实的基础。

再次，该高校与非营利组织联合举办了"会计论坛"。这是另一种有益的措施。它拓宽了学生的知识视野，培养了他们的创新思维。主办方邀请了知名会计专家和非营利组织领导人来共同探讨会计的发展趋势和热点问题。这种高质量的学术交流让学生有机会听到来自行业领先人士的见解和建议，以及他们对当前的会计热点问题和未来发展趋势的看法，这无疑为学生提供了非常珍贵的学习资源。

最后，该高校与非营利组织共同建立了"会计人才培养基地"，它作为一个长期、稳定的合作平台，为学生提供了全方位、多层次的实践学习机会，打造了一批会计精英。这个基地的建立使学生能够在实际工作中获得经验，同时使他们有机会在实际的工作环境中与专业人士进行互动和合作。学生可以直接参与到实际项目中，应用他们所学的知识和技能，解决真实的会计问题。这种实践经验有助于学生的职业发展，使他们在毕业后能够更好地适应职场环境。

从这个案例可以发现，产学研协同培养模式的优点在于能够充分整合各方资源，提供多维度的学习机会。学生不仅可以在课堂上学习理论知识，还可以通过参与实验、实习和论坛交流等实践活动来拓展实际应用能力，提升自身综合素养。同时，与非营利组织和研究机构的合作也使学生有机会接触到实际问题，并获得来自行业专家和领导的指导和建议，这对他们的职业发展具有重要意义。

产学研协同培养模式的成功实践不仅对学生个人有益，而且可以对社会和行业发展起到积极的推动作用。为非营利组织培养优秀的会计人才，可以提升组织的运营效率和财务透明度，促进其可持续发展。同时，这种模式有助于推动会计教育的创新和发展，使教育与实践结合得更加紧密，培养出更符合社会需求的专业人才。

第三节　非营利组织会计人才继续教育机制建设

随着非营利组织的不断发展，会计人才需要不断更新知识和技能，以适应新的管理要求和法律法规变化。建立继续教育机制可以为会计人才提供学习平台和资源，帮助会计人才不断提升自身素质和专业能力，促进行业内的交流与合作，加强非营利组织间的协作。通过分享经验和最佳实践，会计人才可以提高工作效率，共同推动行业的发展。这也有助于保障非营利组织的财务透明度和规范运作，降低潜在的财务风险，减少不当行为的发生。

一、继续教育的重要性

继续教育是非营利组织会计人才培养的重要部分。随着社会和经济环境的不断变化，会计领域的法规、准则和技术也在不断更新和演变。非营利组织会计人才需要不断更新自己的知识和技能，以迎接新的机遇和挑战。继续教育的重要性主要体现在以下几方面，如图 5-2 所示。

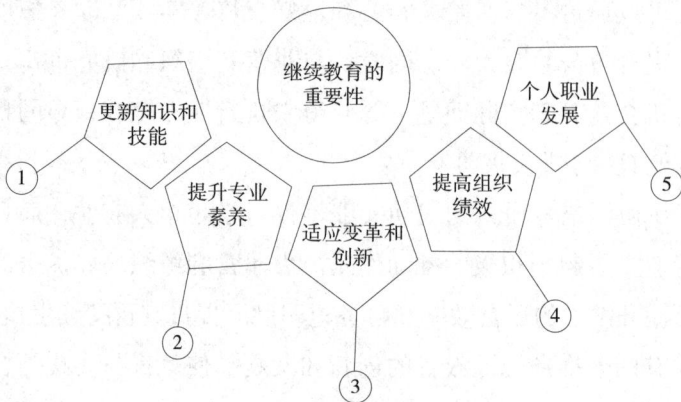

图 5-2　继续教育的重要性

（一）更新知识和技能

在快速变化的会计领域，持续学习和更新知识是会计人才提高专业竞争力的关键。更新的知识使会计人才能够与时俱进，了解行业发展趋势和最佳实践。在会计法规和准则不断演变，新的要求和规范不断出台的时代背景下，通过继续教育，会计人才可以及时了解并适应这些变化，确保组织的财务报告符合最新的法规和标准。云计算和大数据分析等技术的应用能够使会计人才更加高效地处理和分析大量的财务数据，提供更准确、可靠的财务信息。此外，人工智能技术的运用也为会计工作带来了新的可能。例如，自动化的数据处理和分析，有助于简化烦琐的人工操作并能提高工作效率。

通过更新知识和技能，会计人才能够提供更高质量的财务报告和更准确的财务信息，提升组织的财务透明度和规范性。及时准确的财务报告对于非营利组织的运营和决策至关重要。继续教育使会计人才能够了解和应用最佳的财务报告实践，从而提高报告的质量和可靠性，增强利益相关者对组织的信任。在个人的职业发展方面，具备最新知识和技能的会计人才会更具竞争力，能够获得更多的职业机会和晋升空间。持续学习和更新知识不仅能够提升个人的专业素养，还可以增强会计人才的自信心和职业竞争力，为个人的职业发展奠定坚实的基础。

（二）提升专业素养

提升专业素养是非营利组织会计人才继续教育中的重要目标。继续教育强调培养会计人才的伦理意识和职业道德。会计人员在处理财务信息和进行财务报告时，需要遵循道德准则和职业行为规范，保持诚信和公正。继续教育课程可以通过案例分析、伦理讨论和道德决策模型等方式，引导会计人才正确处理伦理难题和道德困境，提升其职业道德水平。

非营利组织的会计人员，不仅需要承担财务管理职责，还需要在团队中发挥领导作用。继续教育可以通过课程和培训活动，提升会计人才在目标设定、决策制定、团队管理和变革管理等方面的能力。这些能力的提升可以使会计人才更好地参与组织的决策制定过程，推动组织的发展和创新。会计人员需要与内外部利益相关者进行有效的沟通和合作，包括与管理层、审计师、捐赠者和志愿者等进行信息交流和协调。继续教育可以提供关于沟通技巧的培训和实践机会，帮助会计人才提升口头表达和书面沟通的能力，包括表达清晰、善于倾听、善于处理冲突和进行谈判等能力。良好的沟通能力有助于会计人才和他人建立信任关系、解决问题并有效地传达财务信息。

（三）适应变革和创新

继续教育给会计人才提供了学习使用新兴技术和工具的机会，使会计人才能够跟上科技的快速发展。例如，学习人工智能、机器学习等技术，可以让会计人才掌握自动化处理财务数据、智能分析和预测的方法，提高其工作效率和质量。此外，继续教育还可以深化会计人才对云计算、区块链等新兴技术的理解和应用，从而为非营利组织提供更先进的财务管理和报告方式。面对变革和挑战，会计人才需要具备敏捷思维、开放思维和创造性解决问题的能力。继续教育可以通过案例研究、创新讨论和组织开展团队项目等方式，培养会计人才的创新意识和能力，强化他们发现问题、制订解决方案的能力，推动非营利组织在财务管理和报告方面的创新和持续发展。在不断变化的环境中，会计人才需要具备适应变革的能力。继续教育可以提供相关课程和培训，帮助会计人才理解和适应新的法规、准则和要求，熟悉新的业务模式和市场趋势。此外，继续教育还可以培养会计人才的风险管理能力，帮助他们预测和应对潜在的风险和挑战，保护非营利组织的财务稳定和声誉。

（四）提高组织绩效

继续教育使会计人才能够提供更为准确、及时的财务信息和报告，为组织的决策和管理提供有力支持。组织会计人员定期学习最新的会计法规、准则和标准，可以确保财务报表的准确性和合规性。继续教育还关注会计信息系统的建设和运营，帮助会计人才掌握先进的财务管理工具和技术，提高财务信息的处理和报告效率。培养会计人才的专业素养和伦理意识，可以提高财务的透明度和规范性。会计人才只有了解并遵守相关的会计准则和法规，才能确保所提供的财务报表的准确性和完整性。同时，他们还可以通过学习和应用最佳实践，提高财务信息的可理解性和可比性，增强组织的财务透明度，满足利益相关者的信息需求。

继续教育有助于提高会计人才的财务管控能力和风险管理能力。会计人才能够通过学习风险管理理论并了解相关实践状况，掌握风险识别、评估和控制的方法，从而更好地识别和应对潜在的财务风险。继续教育还注重培养会计人才的内部控制意识和操作技能，帮助他们建立有效的内部控制体系，减少误操作和误报财务信息的风险，保护组织的财务安全和稳定。继续教育通过提升会计人才的专业能力和素养，促进非营利组织的可持续发展和良好治理。合格的会计人才能够提供准确的财务信息和报告，为组织的决策制定和资源配置提供依据。他们的专业能力和伦理意识的提升有助于加强组织的内部监督和外部审计效果，提高治理效果。继续教育还注重培养会计人才的职业道德和社会责任意识，鼓励他们积极参与社会活动，推动非营利组织的可持续发展。

（五）个人职业发展

继续教育为非营利组织会计人才提供了更多的职业机会和晋升空间。通过持续学习和提升，会计人才可以不断丰富自己的知识和技能，增强专业素养和实践能力，从而提高自己在职场中的竞争力。具备更新的知识和技能的会计人才会更受组织和雇主青睐，有机会在非营利组织中负责更具挑战性的项目，获得更多的晋升机会。通过持续学习和专业培训，会计人才可以不断提升自己的知识水平和专业技能，掌握最新的会计法规和技术。这种不断提升的过程可以帮助他们建立自信心，更加自信地应对工作中的挑战和问题。同时，继续教育还可以提供交流和合作的机会，让会计人才与同行进行知识分享和经验交流，从而不断拓展自己的人脉和专业网络，增强自己在职业市场中的竞争力。

继续教育为会计人才的个人职业发展打下了坚实的基础。通过持续学习和提升，会计人才可以不断丰富自己的知识和技能，掌握专业的核心概念和实践技巧。这些学习和积累为他们的个人职业发展提供了扎实的基础，使其在未来的职业发展中更具竞争力。继续教育还可以提供专业认证和资格考试的机会，进一步证明其个人的专业能力和素养，为其个人职业发展开拓更多的机会。

二、非营利组织会计人才继续教育的特点和挑战

（一）非营利组织会计人才继续教育的特点

非营利组织会计人才继续教育的特点，如图 5-3 所示。

图 5-3　非营利组织会计人才继续教育的特点

1. 多元性和复杂性

非营利组织会计人才继续教育需要面对多元化的复杂环境。非营利组织性质多样，包括慈善机构、教育机构、文化机构等，每个组织都有其特定的会计需求和要求。此外，非营利组织与商业组织在会计原则、法规和报告标准等方面也存在差异。因此，非营利组织会计人才继续教育需要针对不同类型的组织和特定的行业要求进行个性化的学习和培训。

2. 法规和准则的变化

会计法规和准则对非营利组织会计人才的要求在不断变化。随着社会的发展和制度的改革，会计法规和准则在不断调整和完善，以适应新的环境和需求。例如，我国会计法规在非营利组织会计报告的透明度和规范性方面的要求在不断提高，对捐赠收入、慈善事务等方面的会计处

理也提出了更高的要求。因此，非营利组织会计人才需要及时了解和适应最新的法规和准则，通过继续教育不断更新知识和技能，以确保财务报告的准确性和合规性。

3. 非财务技能的重要性

非营利组织会计人才不仅需要具备扎实的会计专业知识，还需要具备一定的非财务技能。由于非营利组织的特殊性，会计人才需要具备良好的沟通能力、团队合作能力和领导能力。他们需要与内外部的利益相关者进行沟通和合作，如与捐赠者、志愿者、监管机构等进行交流并协调各方关系等。此外，会计人才还需要具备解决问题和创新的能力，以应对组织面临的挑战和机遇。因此，非营利组织会计人才继续教育需要注重培养这些非财务技能，以提高组织的整体绩效并助力会计人才的个人职业发展。

4. 社会责任意识和伦理意识的培养

非营利组织会计人才的继续教育强调对会计人才的社会责任意识和伦理意识的培养。非营利组织的宗旨是积极投身社会公益事业，会计人才需要充分认同这一宗旨并承担社会责任，确保财务信息的准确性和可靠性。他们需要维护组织的声誉和公信力，遵循伦理准则和职业行为规范。因此，继续教育应注重培养会计人才的伦理意识和职业道德，通过案例研究和伦理讨论等方式，引导他们正确处理和应对伦理难题和道德困境。

5. 组织性和行业合作的重要性

非营利组织会计人才的继续教育需要注重培养会计人才的组织性和行业合作能力。非营利组织会计人才通常是在一个组织内部进行工作，他们需要了解和适应组织的特定需求和运作方式。此外，非营利组织会计人才还需要与同行进行合作和交流，共同解决行业共性问题，分享最佳实践和经验。继续教育可以通过行业研讨会、论坛和合作项目等方式，为非营利组织会计人才提供合作和学习的平台和机会。

（二）非营利组织会计人才继续教育的挑战

1. 培训理念贫乏

非营利组织会计人才继续教育中存在着培训理念贫乏的问题。传统的培训通常将重点放在知识传授和技能训练上，忽视对综合素养和创新能力的培养。这种模式下，会计人才往往被视为知识的被动接受者，主动思考、批判性思维和解决问题的能力往往得不到培养和训练。

2. 会计人员继续教育法规约束力较弱

由于缺乏明确的法规和规定，会计人员继续教育的标准可能存在差异。不同的非营利组织可能对会计人员继续教育的要求存在差异，缺乏统一的参照标准。这使会计人员在选择培训课程和提供者时可能遇到困难。

3. 培训内容陈旧，方式单一

目前的非营利组织会计人才继续教育，存在培训内容陈旧、方式单一的问题。培训内容没有及时跟上行业的变化和发展，无法满足会计人员在新技术、新法规和新趋势方面的需求。

4. 培训市场不规范，缺乏长期和整体的规划

当前，非营利组织会计人才继续教育的培训市场存在不规范的情况。培训市场缺乏统一的市场规范和规划，就导致了培训资源的分散和重复，以及培训机构质量的参差不齐。

5. 缺少专门课程

非营利组织会计人员继续教育缺少有针对性的专门课程。通用的会计课程无法满足非营利组织会计人员的特定需求。

三、加强非营利组织会计人才继续教育的可行性策略

（一）增强认知，加强自我导向型学习模式建设

增强认知是加强会计人员继续教育的基础。随着知识经济的发展和

思想文化的多元化，会计人员需要不断更新自己的知识技能和知识体系。他们应该积极参加专业会议、研讨会和培训课程，与同行进行交流和讨论，以了解最新的会计标准、法规和行业趋势。此外，会计人员还应通过阅读相关的书籍、期刊和研究报告来拓宽知识面，深入了解前沿技术和最佳实践。这种认知的增强可以帮助会计人员更好地适应变化的环境，并提升他们在工作中的实际能力和自身素质。

加强自我导向型学习模式建设对于会计人员的继续教育至关重要。自我导向型学习指个体能够主动地设置学习目标、规划学习过程并进行自我评估的学习方式。会计人员应培养自主学习的能力，设立明确的学习目标，制订学习计划，利用各种学习资源和工具进行学习。现代技术为会计人员提供了丰富的线上学习资源。会计人员可以利用这些资源进行自主学习，不断提升自己的专业知识和技能。此外，会计人员还可以参与学习小组或寻找导师，通过互相交流和学习共同进步。自我导向型学习模式可以帮助会计人员更好地掌握知识，提高实际工作能力。

（二）分类设定继续教育目标，推行有针对性的培训策略

对不同层次的非营利组织会计人才，可以设定不同的继续教育目标。对高级会计人员设定的教育目标可以是培养高层经营管理人才，使他们能够进行非营利组织的战略规划和策划，以提升组织的整体发展水平。对中级会计人员设定的目标可以是处理具体的会计实务，强化财务报表分析、预算编制和财务管理等方面的能力，以支持组织的日常运营和财务决策。对初级会计人员设定的目标可以是学习基本的会计业务操作和实践，包括会计凭证的录入、账务处理和报表填报等，以打好基础并逐步提高工作能力。

根据不同层次的目标，组织可以实施有针对性的培训方案。高级会计人员可以参加高级管理培训课程，这些课程涵盖战略规划、组织管理、领导力和创新管理等方面的内容。中级会计人员可以参加实务操作培训，

通过案例分析和实际操作来提高财务管理和报表处理的技能水平。初级会计人员可以参加基础会计知识培训班，学习会计核算原理、会计制度和税务政策等基础知识，并进行实操训练。

培训形式多种多样，如组织线下培训班、通过在线学习平台进行学习、参加工作坊和研讨会等，以突破时间限制，满足不同会计人员的学习需求。同时，培训内容应与非营利组织的实际工作紧密结合，注重技能应用和实际问题的解决，提高培训的实效性和可操作性。

通过分类设定继续教育目标和实施有针对性的培训方案，非营利组织可以更好地满足会计人员的学习需求，提高他们的专业能力和实践水平，让他们为组织的可持续发展作出更大贡献。

（三）实施宏观调控科学化的监督管理机制

实施宏观调控科学化的监督管理机制需要政府积极完善相关政策措施。政府可以通过制定和完善相关法律法规、政策文件和标准，在继续教育领域发挥重要作用，明确会计人员继续教育的目标、内容和要求。此举可以为会计人员提供明确的指导，并促使其积极参与继续教育活动。政府还可以通过提供资金支持和税收优惠等激励措施，进一步鼓励会计人员参与学习。

另外，政府应加强对继续教育机构和培训机构的监管，确保教育服务的质量和合规性。这需要各方合作建立科学合理的管理体系和运行机制。其中包括制定统一的课程规划和培训标准，确保继续教育的内容与实际工作需求相匹配。管理机制还应包括学时统计和证书认定制度，并应建立学分制度，以便对参与继续教育的会计人员进行评估。这样可以确保会计人员的学习成果得到有效评估和认可。

建立继续教育信息系统也是重要的一环。这样可以实现对会计人员学习情况的跟踪和管理。通过信息系统，监管部门可以获取会计人员的学习记录和成绩，及时了解他们的学习进度，从而更好地进行监督管理。

（四）重视继续教育基地的组织化建设

重视继续教育基地的组织化建设是加强非营利组织会计人才继续教育的重要策略。继续教育基地指为会计人员提供学习和培训的场所和平台，通过组织化建设，非营利组织可以提供更好的学习资源、教学环境和学习支持，提高继续教育的质量和效果。

继续教育基地内可以建设图书馆、电子资源库、学习资料中心等，用于收集相关的学习资料和参考书籍，为会计人员提供丰富的学习资源。此外，组织方可以邀请专业人士和行业领域的专家开展讲座、研讨会和培训课程，为会计人员提供专业的知识讲解，分享实践经验。

组织化建设可以营造良好的教学环境。继续教育基地可以配备先进的教学设施和技术设备，如多媒体教室、实验室、电脑实训室等，以提供舒适的学习环境和便捷的学习工具。良好的教学环境可以提高会计人才学习的效果和参与度，增强会计人员的学习体验和积极性。

组织化建设可以为会计人才提供全方位的学习支持。继续教育基地可以设立学习咨询中心、学习指导小组等，为会计人员提供学习指导和咨询服务，解答疑问并提供学习建议。基地内还可以开展学习辅导和学习交流活动，鼓励会计人员互动合作，提高会计人员的学习效果和学习动力。

在组织化建设中，组织方需要重视基地的规划和管理。基地的规划具体包括确定基地的定位、目标和发展方向，结合会计人员的需求和市场需求进行规划，确保基地的发展与实际需求相适应。管理方面包括建立科学的组织架构和运行机制，优化人员配置，制定规范的管理制度和运营流程，确保基地的高效运作和持续发展等。

四、构建完善的非营利组织会计人才继续教育系统

（一）必要性

在现代社会，非营利组织在推动社会发展、解决社会问题、提供公

共服务等方面发挥着重要的作用。非营利组织会计人才作为非营利组织的重要支撑力量，其专业素质和能力对非营利组织的发展至关重要。然而，由于非营利组织的特殊性和会计领域的复杂性，仅仅依靠学历教育无法满足会计人才的专业发展需求，因此构建完善的非营利组织会计人才继续教育系统十分必要。

非营利组织会计人才需要不断更新知识和技能，以适应日益变化的会计法规和准则、财务管理方法以及信息技术的发展。继续教育系统可以提供最新的学术研究成果、行业发展趋势和实践案例，帮助会计人才了解和掌握最新的知识和技能，提高其专业水平和应对变化的能力。

继续教育系统可以提供丰富多样的学习资源和教学内容，通过引入不同领域的知识和经验，帮助会计人才拓宽视野，加深其对社会和行业发展的理解。同时，会计人才之间的交流和互动，可以促进不同思维方式的碰撞和融合，激发他们的创新思维并提高其解决问题的能力。

非营利组织会计人才需要具备良好的沟通能力、领导能力、团队合作能力，以更好地应对复杂多变的工作环境和组织需求。这就要求继续教育系统引入并开展相关课程和培训活动，以培养会计人才的综合素质，提高其管理能力和职业素养，使其能够更好地适应和发展。

继续教育系统可以为非营利组织会计人才提供职业发展的机会和平台。通过参与继续教育培训和学习，会计人才可以不断提升自身的专业能力和知识水平，增加在职场竞争中的优势，获得更好的职业发展机会和晋升空间。

（二）具体做法

为了构建一个完善的非营利组织会计人才继续教育系统，本小节从课程设置与内容设计、师资队伍建设、教学方法与手段选择、质量评估与改进等方面进行详细的学术性论述。

1. 课程设置与内容设计

构建完善的非营利组织会计人才继续教育系统的第一步，是进行合理的课程设置与内容设计。这包括确定核心课程和选修课程，并确保课程设置与非营利组织会计的实践需要紧密结合。核心课程应涵盖非营利组织会计的基本概念、原则和规范，包括财务报告、预算管理、成本控制等方面的知识。选修课程则可根据学员的需求和行业趋势，添加更加专业化和前沿的内容，如非营利组织税务管理、捐赠筹款管理等。此外，课程内容还应注重培养学员的领导能力、沟通能力和道德素养等综合素质，以提高他们在非营利组织中的综合竞争力。

2. 师资队伍建设

师资队伍是构建完善的非营利组织会计人才继续教育系统的重要保障。组织方应该招聘具有丰富实践经验和教学经验的专业人士作为主讲教师，这些教师在专业知识之外应深入了解非营利组织会计领域的最新动态。此外，组织方还可以邀请行业专家和学者来担任特邀讲师，为学员提供前沿的理论和实践指导。为了提高师资队伍的水平，组织方应建立健全的培训机制，定期组织师资培训和学术交流活动，以保证其教学质量和教学内容的更新。

3. 教学方法与手段选择

非营利组织会计人才继续教育的教学方法和手段选择应与课程内容相匹配，以提高学员的学习效果和实际操作能力。除了传统的面对面授课，组织方还可以借助现代信息技术开展在线教育和远程教育。建立在线学习平台并提供网络课程资源，可以让学员根据自身情况进行学习，并随时与教师和其他学员进行交流和互动。此外，还可以引入案例分析、模拟操作和实践项目等教学方法，使学员在真实的场景中应用所学知识，提升其实际操作能力和问题解决能力。

4. 质量评估与改进

构建完善的非营利组织会计人才继续教育系统需要建立有效的质量

评估与改进机制，以确保教育质量并满足学员需求。质量评估可以采用多种方式进行，包括学员满意度调查、教学质量评估和课程反馈等。通过定期收集学员的反馈意见和建议，组织方可以了解他们对课程设置、教学方法和师资水平的评价，并及时进行改进和调整。同时，评估结果也可以作为改进教学质量和完善继续教育体系的依据。

5. 合作与交流

构建完善的非营利组织会计人才继续教育系统需要组织方与相关机构和组织进行合作与交流。组织方可以与高校、研究机构、行业协会和非营利组织建立合作关系，共享教育资源和经验。各方合作开展学术研讨会、专题讲座和学习交流活动，也可以促进行业内的合作与交流，提高教育质量并推动行业的发展。

构建完善的非营利组织会计人才继续教育系统，是为了满足非营利组织会计人才的专业需求，并促进行业的可持续发展。通过在课程设置与内容设计、师资队伍建设、教学方法与手段选择、质量评估与改进以及合作与交流等方面的努力，组织方可以建立一个符合行业需求和学员期望的继续教育体系，提升非营利组织会计人才的专业素质和能力，进而为自身发展提供有力支持。

五、非营利组织会计人才继续教育的政策和支持

（一）继续教育政策

继续教育政策是非营利组织会计人才能力提升的关键，对非营利组织持续、稳定的发展起着基础性的作用。新时代非营利组织会计人才的继续教育政策具有多重作用和价值。对会计人才自身，政策提供了职业发展的路径和框架，鼓励其持续学习，提升专业素养。对非营利组织，政策有助于提升组织财务管理的效率和透明度，进一步提升公众信任度，增强其社会影响力。

　　继续教育政策为非营利组织会计人才的发展提供了明确的框架和方向。它在培训内容、学习时长、学分认定等方面作出了具体规定，让学习者有目标、有方向，帮助他们更有效地规划和实现个人职业发展。政策的指引性不仅能让会计人才明确自身职业发展的路径，而且可以对其产生积极的引导作用，鼓励其主动进行继续教育，提升专业素养。

　　继续教育政策将会计人才的专业知识和技能、道德伦理水平等多种方面能力素质纳入考核体系，这一点体现了继续教育政策的全面性和深度。政策不只关注会计人才的专业知识和技能，还重视其综合能力的提升，包括道德伦理水平、思维能力、沟通能力等。这样的政策有助于提升会计人才的整体素质，能使其更好地适应非营利组织的工作环境。

　　继续教育政策对非营利组织内部的管理和运营也产生了深远的影响。对会计人才的继续教育可以帮助他们持续掌握最新的会计知识、理念和技术，从而提升其财务决策的精确性和高效性，进一步提升非营利组织的运营效率。此外，会计人才的继续教育也有助于提升非营利组织的透明度，增强公众的信任度，提升组织的公共影响力。

（二）继续教育支持

　　新时代，非营利组织在社会服务中的作用日益显著，因此，对会计人才的培养和继续教育变得更加重要。在这一过程中，政策指导和各方面的支持起着决定性的作用。政府和行业协会的支持是实现会计人才继续教育目标的重要一环。政府可以通过设立政策，提供资金支持，进行技术指导等方式，推动非营利组织会计人才的继续教育。例如，政府可以设立专项基金，专门用于非营利组织会计人才的继续教育。这样的政策既可以解决非营利组织在资金方面的困难，也可以激发会计人才积极参与继续教育的热情。

　　与此同时，行业协会作为连接政府、企业和会计人才的桥梁，也扮演着至关重要的角色。行业协会可以通过组织专业培训、研讨会等活动，为会计人才提供学习和交流的平台。这样的活动不仅可以帮助会计人才掌握最新的会计理论和技术，还可以为他们提供与同行交流的机会，激发他们的职业激情，推动他们在专业领域内持续发展。

然而，除政府和行业协会的支持之外，非营利组织内部的支持同样重要。首先，非营利组织需要将继续教育纳入其人力资源开发策略之中，通过提供培训机会、建立激励机制等方式，鼓励会计人才持续学习。例如，非营利组织可以设立专门的培训基金，提供各类培训课程，对参加培训的员工给予奖励或职位提升的机会。这样的措施不仅可以提升员工的专业素质，还可以提高他们的工作积极性和满意度。

非营利组织还可以通过建立内部培训体系，提供专业的学习资源和环境，帮助会计人才提升专业知识和技能水平。这可以通过开设内部讲座、分享会，购买在线教育资源，甚至与高等院校合作，邀请专家进行面对面教学等方式实现。这种内部培训体系不仅可以让会计人才及时掌握最新的会计理论和技术，还可以提升他们的职业技能水平，增强他们的竞争力。

新时代非营利组织会计人才的继续教育是一个复杂的过程，需要政府、行业协会、非营利组织以及会计人才自身的共同努力。面对日益增加的社会服务需求和复杂多变的会计环境，各方都应积极探索和实践，不断优化政策制度和支持体系，推动非营利组织会计人才的继续教育向更高水平发展。

六、建立有效的非营利组织会计人才继续教育评估机制

（一）人才继续教育评估机制

人才继续教育评估机制指通过一系列的评估标准和方法，对会计人才参与继续教育的过程和结果进行评估的机制，可以判断继续教育的效果，提供改进继续教育的依据。这一机制主要包括以下几个方面，如图5-4所示。

图 5-4　人才继续教育评估机制

1. 教育内容评估

这部分评估主要是为了确保继续教育的内容与会计人才的发展、行业的最新趋势保持同步。评估的因素可能包括课程内容的适应性、相关性和前瞻性。例如，评估是否包括最新的会计法规和技术，是否有针对特定问题（如企业伦理、财务风险管理）的专门课程等。

2. 教育过程评估

这部分评估关注的是教育的实施方式和环境。它可能包括对教学方法、课程安排、教师质量、学习资源（如图书、电子资源）和设施（如教室、计算机实验室）的评估。此外，还可以加入对学员的参与度和满意度的考量，包括课堂参与情况、作业提交情况、对课程和教师的反馈等方面。

3. 教育结果评估

这部分评估的目标是确定继续教育是否有效地提高了会计人才的技能和知识水平。评估方法可能包括测试、项目、反馈等，旨在了解学员在课程结束后的知识水平，以及他们在工作中对所学知识的应用情况。例如，组织可以通过观察工作绩效、提升其职位或使其承担更大职责等方式来评估其工作能力的提升情况。

这种综合的评估机制，可以帮助组织更全面地了解和改善人才继续教育的效果，从而使继续教育更好地服务于组织的发展。

（二）建立人才继续教育评估机制的意义

人才是实现非营利组织的社会使命和目标的重要资源。因此，建立人才继续教育评估机制在非营利组织中有特殊的意义，如图 5-5 所示。

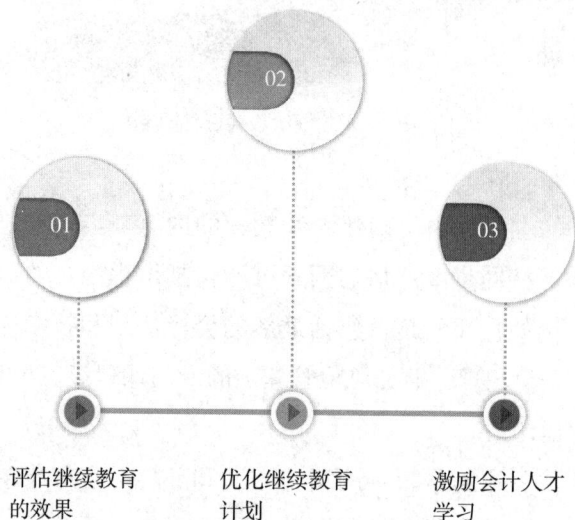

图 5-5 建立人才继续教育评估机制在非营利组织中的特殊意义

1. 评估继续教育的效果

非营利组织，尤其是依赖会计人才的非营利组织，了解继续教育是否达到了预期的效果是至关重要的。通过对会计人员的学习和技能提升情况进行评估，组织可以了解到继续教育是否帮助员工提升了职业技能，是否增强了他们处理复杂会计问题的能力，以及是否提高了他们对新会计规则和法规的理解。

2. 优化继续教育计划

一个有效的评估机制可以提供反馈，帮助非营利组织改进和优化继续教育计划。例如，评估结果可能反映出某些课程的内容已经过时，或者某些教学方法并不适用的事实。通过这种方式，组织可以及时发现问题并针对这些问题进行调整，提高教育质量和效率。

3.激励会计人才学习

评估不仅可以帮助组织了解继续教育的效果，还可以激励员工参与学习。通过明确的评估标准和反馈，员工可以了解自身情况。这可以帮助他们设定个人发展目标，激发他们的学习积极性。

（三）如何建立非营利组织会计人才继续教育评估机制

建立有效的非营利组织会计人才继续教育评估机制是一项复杂且重要的任务。它的成功实施对非营利组织的长期发展，特别是会计人才的知识更新和技能提升有很大影响。以下是一个详细的实施策略，分为三个主要步骤：设立评估标准、实施评估和制定改进措施。

设立评估标准是建立评估机制的第一步，也是最基本的步骤。评估标准应能够全面、准确地反映继续教育的实际效果。一方面，评估标准需要覆盖教育内容、教育过程和教育结果这三个主要方面，全方位地检查和评价继续教育的质量。另一方面，评估标准需要与非营利组织的具体情况和需求相适应，以确保评估结果的实用性和针对性。例如，对教育内容的评估可以从课程设计的合理性、适用性和前瞻性入手；对教育过程的评估可以从教学方法的有效性、教学资源的充足性和教学环境的优良性入手；对教育结果的评估可以依据学员的满意度、知识技能的提升程度和工作表现的改善情况等。设立合理、全面的评估标准是保证评估机制有效运行的前提。

实施评估。有了评估标准，接下来就是把它们转化为实际行动，这就需要组织进行评估实践。首先，组织可以组建专门的评估组，评估组由一组具有评估经验和专业知识的人员组成，负责全面开展评估工作。评估组的主要职责包括制定详细的评估计划，确定评估的具体方法和工具，收集和整理评估所需的各种数据，进行数据分析和结果解读等。评估方法可以包括问卷调查、访谈、观察、测试等，而数据的收集则需要覆盖所有参与继续教育的会计人才，以及其他相关的教师、管理者等。

评估组还需要定期报告评估进展和结果，以便对外部和内部各方进行信息公开和沟通。

最后，制定改进措施。这是评估机制的最终目标，也是其最重要的价值所在。根据评估结果，组织可以找出继续教育中存在的问题和不足，从而制定出有针对性的改进措施。这些改进措施可以是调整教育内容，如更新课程设计、引入新的知识和技能，也可以是改进教学方法，如采用更有效的教学策略、利用更先进的教学技术，还可以是优化教育环境，如改善学习条件、增加学习资源。除了这些具体的改进措施，组织还需要对继续教育的管理和运营进行整体优化，以提升其效率和效果。制定改进措施是评估机制的反馈环节，可以让继续教育始终保持活力。

参考文献

[1] 王世强. 非营利组织管理 [M]. 北京：首都经济贸易大学出版社，2018.

[2] 林淑馨. 非营利组织概论 [M]. 上海：华东理工大学出版社，2018.

[3] 张新，季荣花. 政府与非营利组织会计 [M]. 北京：北京理工大学出版社，2021.

[4] 刘蕾. 非营利组织管理 [M]. 徐州：中国矿业大学出版社，2017.

[5] 胡霞，姚欢，朱运敏，等. 政府与非营利组织会计 [M]. 武汉：武汉大学出版社，2018.

[6] 莫冬燕. 非营利组织财务管理 [M]. 大连：东北财经大学出版社，2018.

[7] 毛淑珍. 政府与非营利组织会计 [M]. 大连：东北财经大学出版社，2021.

[8] 邓九生，汪长英，杨从印. 政府与非营利组织会计理论与实务 [M]. 武汉：华中科技大学出版社，2021.

[9] 赵宏伟. 非营利组织会计研究 [M]. 北京：北京工业大学出版社，2017.

[10] 徐哲，李贺，李婧，等. 政府与非营利组织会计 [M]. 上海：上海财经大学出版社，2020.

[11] 程红梅. 基于泛雅平台的"政府与非营利组织会计"课程混合式教学实践 [J]. 商业会计，2023（1）：124–126.

[12] 吴璠. 政府与非营利组织会计课程融入思政教育的设计与实践探讨 [J]. 蚌埠学院学报，2023，12（1）：100–104.

[13] 巩固. 非营利组织会计核算问题及应对措施研究 [J]. 营销界，2022（23）：119–121.

[14] 张军，王美英. 《政府及非营利组织会计》课程思政教学改革探索 [J]. 财务与会计，2022（23）：21-23.

[15] 李楠. 基于泛雅 SPOC 平台的混合教学模式中课程思政的设计：以政府与非营利组织会计课程为例 [J]. 商业会计，2022（19）：121-123.

[16] 朱丽，汪群. 《政府与非营利组织会计》课程教学改革探究：以应用型本科高校为例 [J]. 铜陵职业技术学院学报，2022，21（3）：84-88.

[17] 卜英霞. 非营利组织会计信息化中存在的问题及策略分析 [J]. 商业观察，2022（23）：29-32.

[18] 深化政府及非营利组织会计改革夯实现代财政制度基础：《会计改革与发展"十四五"规划纲要》系列解读之二 [J]. 金融会计，2022（8）：60-67.

[19] 索朗拉姆. 新时期民间非营利组织会计核算研究 [J]. 营销界，2022（11）：149-151.

[20] 深化政府及非营利组织会计改革夯实现代财政制度基础：《会计改革与发展"十四五"规划纲要》系列解读之二 [J]. 预算管理与会计，2022（3）：18-23.

[21] 王媛媛. 重大突发事件下慈善类非营利组织会计信息披露研究 [J]. 商业会计，2022（4）：111-113.

[22] 糜健. 中外政府及非营利组织会计制度比较 [J]. 新会计，2022（2）：62-64.

[23] 谢海红. 非营利组织会计信息披露存在的问题及完善建议 [J]. 营销界，2022（3）：85-87.

[24] 深化政府及非营利组织会计改革夯实现代财政制度基础：《会计改革与发展"十四五"规划纲要》系列解读之二 [J]. 财务与会计，2022（2）：4-8.

[25] 荆新，丁鑫. 基金会计之原理、演变与建制：基于我国政府及非营利组织会计领域 [J]. 财会月刊，2022（2）：9-14.

[26] 李玲，熊静静，张思强. 资金市场化运营与民间非营利组织会计制度变革 [J]. 商业会计，2021（22）：48-50.

[27] 张翠英. 民间非营利组织会计制度会计核算问题的探讨 [J]. 纳税，2021，15（28）：132-133.

[28] 罗海英. "政府与非营利组织会计"课程教学改革 [J]. 质量与市场，2021（15）：40-42.

[29] 程红梅. 基于翻转课堂的本科教学增负研究：以《政府与非营利组织会计》为例 [J]. 财经界，2021（19）：40-42.

[30] 索朗拉姆. 我国民间非营利组织会计核算问题研究 [J]. 商业文化，2021（14）：64-65.

[31] 徐亮民，李春芳. 民间非营利组织会计制度亟须完善 [J]. 产业创新研究，2021（5）：62-64.

[32] 刘静. 浅谈民间非营利组织会计制度在非营利性民办高校的适用性 [J]. 行政事业资产与财务，2020（22）：71-72.

[33] 邓昌斌. 民间非营利组织会计制度会计核算问题解析 [J]. 中国乡镇企业会计，2020（11）：98-100.

[34] 华婧妍. 浅谈非营利组织会计改革发展的几点思考 [J]. 中国市场，2020（25）：154，158.

[35] 陈平，伍文中，李燕. 基于 Logistic 模型的 SPOC 混合式教学改革与评价研究：以"政府与非营利组织会计"课程为例 [J]. 当代会计，2020（16）：6-8.

[36] 辛旗. 新版政府会计制度下的《政府与非营利组织会计》课程教学改革探讨 [J]. 产业与科技论坛，2020，19（13）：209-210.

[37] 张爱珍. 非营利组织会计核算问题和应对措施分析 [J]. 全国流通经济，2020（18）：175-176.

[38] 朱一鸥. 《民间非营利组织会计制度》改革对民办高校会计核算的影响及建议 [J]. 商业会计, 2020（11）: 61–63.

[39] 邢佳英. 民间非营利组织会计制度执行中的若干问题探析 [J]. 财会学习, 2020（13）: 130, 132.

[40] 殷子涵, 刘芳. 非营利组织会计信息披露存在的问题及完善建议 [J]. 中国商论, 2020（6）: 158–160.

[41] 常永. 小规模纳税人执行《民间非营利组织会计制度》的会计核算探讨 [J]. 中国工会财会, 2020（3）: 50–51.

[42] 黄仕英. 基于 spoc 的《民间非营利组织会计》课程混合教学模式探讨 [J]. 会计师, 2020（1）: 65–66.

[43] 杨嘉婷. 政府会计全面改革背景下《非营利组织会计》课程教学思考 [J]. 现代营销（信息版）, 2020（1）: 85.

[44] 张春燕. "翻转课堂"教学模式在《政府与非营利组织会计》教学中的设计与应用 [J]. 教育现代化, 2019, 6（86）: 213–215.

[45] 李旭. 民间非营利组织会计核算以及免税认证新规的若干问题探讨：以重庆某协会为例 [J]. 营销界, 2019（34）: 213–214.

[46] 任英姿. 行政事业单位会计制度改革环境中对《民间非营利组织会计制度》的思考 [J]. 现代经济信息, 2019（15）: 173, 175.

[47] 肖淑倩. 政府与非营利组织会计课程教学研究 [J]. 中国管理信息化, 2019, 22（12）: 203–204.

[48] 陈思彤. 加强非营利组织会计监督的几点思考及建议 [J]. 当代会计, 2019（6）: 106–107.

[49] 于梦. 我国非营利组织会计信息披露研究及建议 [J]. 全国流通经济, 2019（8）: 139–140.

[50] 覃倩. 非营利组织会计实务存在的若干问题及对策 [J]. 财务与会计, 2019（3）: 75.

[51] 童友霞. 政府与非营利组织会计课程教学与改革探讨 [J]. 教育教学论坛，2018（50）：86–87.

[52] 陈思颖. 关于改进《政府与非营利组织会计》课程教学的探讨 [J]. 教育教学论坛，2018（51）：211–212.

[53] 万俊杰. 民间非营利组织会计制度面临的挑战与修改建议 [J]. 财务与会计，2018（22）：72–73.

[54] 李宪. 民间非营利组织会计制度与企业会计准则的比较分析 [J]. 行政事业资产与财务，2018（21）：71–72.

[55] 张玉君. 论我国非营利组织会计管理中的问题及改进 [J]. 现代交际，2018（18）：172–174.

[56] 程红梅. "政府与非营利组织会计"课程的教学改革探讨：以安徽建筑大学为例 [J]. 商业会计，2018（18）：119–120.

[57] 任英姿. 《民间非营利组织会计制度》在民办高校运用矛盾及对策 [J]. 知识经济，2018（18）：34–35.

[58] 黄瑞兰. 非营利组织会计核算中存在的问题与对策 [J]. 财会学习，2018（21）：11–12.

[59] 石依禾. 对完善我国《民间非营利组织会计制度》的建议 [J]. 经济研究参考，2018（41）：69–73.

[60] 程雨祺. 民间非营利组织会计制度执行中的若干问题探析 [J]. 中国商论，2018（16）：131–132.

[61] 本刊编辑部. 第七届"公共管理、公共财政与政府会计跨学科研究论坛"暨第九届"政府会计改革理论与实务研讨会"在杭州举行 [J]. 商业会计，2018（11）：2.

[62] 李林. 民间非营利组织会计核算相关问题探讨 [J]. 现代经济信息，2018（11）：203，205.

[63] 齐娥，刘婧，葛璇. 非营利组织会计信息披露实证研究 [J]. 纳税，2018（15）：70，73.

[64] 侯婷婷，余纯琦，徐建群. 《民间非营利组织会计制度》执行中的若干问题探析：以民办高校为例 [J]. 太原城市职业技术学院学报，2018（4）：151–153.

[65] 李沙沙. 浅议我国非营利组织会计信息披露问题 [J]. 中国集体经济，2018（12）：137–138.

[66] 谢梅. 《政府与非营利组织会计》课程的教学改革构想：基于政府会计改革背景 [J]. 教育教学论坛，2018（12）：117–118.

[67] 孙梦茵. 西方政府与非营利组织会计模式及借鉴 [J]. 中国乡镇企业会计，2018（3）：297–298.

[68] 季相辰. 非营利组织会计研究 [J]. 商业经济，2017（11）：152–154.

[69] 王昱. 应用型本科院校《政府与非营利组织会计》课程改革的思考 [J]. 文化创新比较研究，2017，1（29）：106–107.

[70] 姚宏，孔阁霞. 美国民间非营利组织会计准则的新发展及其借鉴 [J]. 财会通讯，2017（25）：118–120，4.

[71] 肖松楠. 浅析我国非营利组织会计的现状与对策 [J]. 现代营销（下旬刊），2017（7）：195.

[72] 田颖. 政府及非营利组织会计与财务会计的趋势探讨 [J]. 中小企业管理与科技（中旬刊），2017（6）：69–70.

[73] 杨黎. 非营利组织会计目标设定的研究 [J]. 中小企业管理与科技（中旬刊），2017（6）：71–72.

[74] 李春华. 我国非营利组织会计存在的问题及改进构想 [J]. 商业会计，2017（10）：69–71.

[75] 王子月. 非营利组织会计财务管理存在的问题分析及对策 [J]. 中小企业管理与科技（中旬刊），2017（5）：43–44.

[76] 朱义令. 政府与非营利组织会计课程教学思考 [J]. 商业会计，2017（5）：114–116.

[77] 孙颖. 民间非营利组织会计制度执行中的若干问题探析 [J]. 学会，2017（1）：53-55.

[78] 罗伟峰. 非营利组织会计管理模式设计与创新：以广东工业大学教育发展基金会为例 [J]. 财会通讯，2017（1）：52-55.

[79] 加快推进政府及非营利组织会计改革服务国家治理体系和治理能力现代化：《会计改革与发展"十三五"规划纲要》解读之二 [J]. 财务与会计，2017（1）：6-10.

[80] 加快推进政府及非营利组织会计改革　服务国家治理体系和治理能力现代化 [J]. 当代会计，2016（12）：47-50.

[81] 宫婷. 非营利组织会计核算问题研究 [J]. 中国集体经济，2016（27）：144.

[82] 王玉莲，杨洁. 基于问卷调查的我国非营利组织会计信息披露探析 [J]. 财经界，2016（23）：266-268.

[83] 李宪. 民间非营利组织会计制度在实务中的运用体会 [J]. 会计师，2016（13）：74-75.

[84] 刘珊珊，国继强. 我国非营利组织会计概述 [J]. 中小企业管理与科技（上旬刊），2016（7）：49-50.

[85] 盛宇杰. 民间非营利组织会计信息披露质量研究 [D]. 蚌埠：安徽财经大学，2021.

[86] 林琬冰. 我国非营利组织会计信息披露研究：以"壹基金"和"韩红爱心慈善基金"为例 [D]. 福州：福州大学，2018.

[87] 蒋利亚. 我国民间非营利组织会计信息披露研究 [D]. 保定：华北电力大学，2017.

[88] 魏红洋. 非营利组织会计信息披露问题研究：以嫣然天使基金为例 [D]. 乌鲁木齐：新疆财经大学，2015.

[89] 罗慧娟. 我国民间非营利组织会计信息披露问题研究 [D]. 西安：长安大学，2015.

[90] 王晶伟. 我国非营利组织会计信息披露问题研究 [D]. 天津: 天津财经大学, 2015.

[91] 初美辰. 民间非营利组织会计管理优化研究: 以 R 慈善组织为例 [D]. 青岛: 青岛理工大学, 2014.

[92] 王举普. 非营利组织会计信息披露制度的研究 [D]. 天津: 天津财经大学, 2014.

[93] 刘景娟. 民间非营利组织会计信息透明度问题研究 [D]. 西安: 长安大学, 2013.